ENTRE O LIKE E O BURNOUT

Blucher

ENTRE O LIKE E O BURNOUT

Reflexões psicanalíticas

Marielle Kellermann

Entre o like e o burnout: reflexões psicanalíticas

Editora Edgard Blücher Ltda.

Publisher Edgard Blücher
Editor Eduardo Blücher e Jonatas Eliakim
Coordenação editorial Andressa Lira
Produção editorial Juliana Morais
Diagramação Plinio Ricca
Preparação de texto Luana Costa Negraes
Revisão de texto Cristiana Gonzaga Souto Corrêa
Capa Laércio Flenic
Imagem de capa iStockphoto

Blucher

Rua Pedroso Alvarenga, 1245, 4º andar
04531-934 – São Paulo – SP – Brasil
Tel.: 55 11 3078-5366
contato@blucher.com.br
www.blucher.com.br

Segundo o Novo Acordo Ortográfico, conforme 6. ed. do *Vocabulário Ortográfico da Língua Portuguesa*, Academia Brasileira de Letras, julho de 2021.

Dados Internacionais de Catalogação na Publicação (CIP)
Angélica Ilacqua CRB-8/7057

Entre o like e o burnout : reflexões psicanalíticas / Marielle Kellermann. - São Paulo : Blucher, 2023.

150 p.

Bibliografia

ISBN 978-65-5506-572-5

1. Psicanálise 2. Tecnologia 3. Internet 4. Redes sociais I. Kellermann, Marielle

23-4412 CDD 150.195

Índice para catálogo sistemático:
1. Psicanálise

"Vô, eu não sei o que significam essas palavras."
"Não se preocupe, escuta o ritmo, é como as ondas do mar."
(avô lendo Navio Negreiro para sua
neta de 7 anos, Curitiba, 1989)

Ao meu avô Cícero, que me ensinou o ritmo
da escrita nos versos da poesia.
À minha avó Úrsula, com quem compartilho
a biblioteca da vida inteira.

Conteúdo

Prefácio: breves reflexões sobre um "DNA" epistemológico

Marion Minerbo

Foi com prazer que aceitei o convite de Marielle Kellermann para escrever o Prefácio deste livro. Quando "conversamos" por WhatsApp, lembro de ela ter dito que "não conseguia pensar em ninguém além de mim". Não perguntei o motivo, mas imaginei que tinha a ver com algumas coisas que eu conhecia sobre minha colega. Sabia que a autora vinha propondo reflexões necessárias e instigantes sobre a relação entre tecnologia digital e subjetividade. Sabia também que, junto com dois colegas, tinha criado o podcast *Lá fora*, cujos episódios sobre temas diversos mostram a potência da psicanálise para além do consultório. Sabia que tínhamos em comum a curiosidade sobre o mundo em que vivemos: nosso primeiro contato, mil anos atrás, tinha sido num evento em que falei do seriado *Sex and the City*.

Foi só quando li o manuscrito que entendi por que "tinha que ser eu". Reconheci um "parentesco" entre nós, não apenas porque ela cita vários trabalhos meus, mas porque temos em comum uma maneira de pensar. Ao aceitar o convite, pretendia escrever um prefácio curto e simpático, quase uma resenha. Mas ao ler o livro senti o peso da responsabilidade e achei que cabia uma breve reflexão sobre o nosso "DNA" epistemológico: o que significa, afinal, propor e fazer uma psicanálise de fenômenos do cotidiano? De que instrumentos dispomos? O que pensamos revelar? Como podemos proceder?

A autora sabe perfeitamente quanto seu objeto de estudo é complexo e multifacetado. Nesses dez anos em que o tem estudado, ela pôde constatar como ele se transforma velozmente. Além da curiosidade e da agilidade mental necessárias para acompanhar tais mudanças, Kellermann tem outra qualidade fundamental para se aventurar nesse campo: não tem medo do novo. Em parte porque, sendo jovem, tem alguma intimidade com as tecnologias digitais. Mas também porque sabe que é preciso avançar devagar e com prudência. Daí que tenha escolhido como epígrafe de seu primeiro texto – mas que poderia ser a do próprio livro – o belo verso de Paulinho da Viola (1975): "Faça como um velho marinheiro / Que durante o nevoeiro / Leva o barco devagar".

Firmemente embasada no método psicanalítico, Kellermann consegue evitar dois problemas bastante comuns nesse tipo de análise: enaltecer ou criticar seu objeto de estudo. Constatei, com grande satisfação, que Marielle *analisa sem julgar*. Não há qualquer posicionamento moral a respeito das formas de subjetividade – por mais bizarras que possam parecer – que emergem desse novo mundo.

Um exemplo disso é como ela atravessa o nevoeiro do fenômeno *dos nudes*. Além de abordar brevemente o que essa prática pode significar a nível da economia psíquica individual, ela se indaga sobre *o que torna esse fenômeno possível*. Ou seja: de que modo a sociedade do espetáculo, a construção do eu como imagem de si e como produto e ainda outros elementos da cultura digital tornaram possível essa prática. A análise permite um pensamento crítico, jamais uma crítica a um comportamento.

Como mencionei, a autora trabalha firmemente ancorada no método psicanalítico: em vários de seus textos, Marielle Kellermann faz referência a Fabio Herrmann e aos conceitos por ele desenvolvidos no livro *Psicanálise do quotidiano*. A leitura de seus textos me remeteu aos estudos que empreendi nos anos 1990 para meu doutorado. Vou falar um pouco do meu percurso porque é a melhor maneira de apresentar aqui o "DNA" que temos em comum. Devo dizer que foi essa aventura que me equipou/instrumentou, do ponto de vista epistemológico, para continuar realizando pequenas análises de fenômenos do cotidiano ao longo de todos esses anos (Minerbo, 2019; 2020a; 2020b).

Meu ponto de partida era uma paciente – Bia – que apresentava uma compulsão a comprar roupas de grife. Na época, eu queria entender como um comportamento comum, culturalmente determinado, podia, em certos casos, se tornar um sintoma individual. Eu procurava uma maneira de pensar a relação psique-mundo para além da metapsicologia: conceitos como narcisismo e identificação não me pareciam suficientes.

Encontrei dois caminhos interessantes para pensar a relação psique-mundo. Um deles foi, justamente, o que reencontrei nos textos de Marielle: o conceito de psique do real, da Teoria dos Campos (Herrmann, 2001). O sistema campo/relação, a ideia de que o real é constituído por campos e a possibilidade de mapear os campos do real que sustentam e determinam setores da realidade são, sem dúvida, instrumentos úteis para esse tipo de análise.

O outro foi pensar as formas de subjetividade a partir das instituições (Kaës, 1991): que significações elas instituem, de que forma se transformam numa cultura e como esses elementos são apropriados pela economia psíquica individual.

Como veremos, há uma diferença entre esses dois caminhos: o primeiro se presta melhor à análise de fenômenos do cotidiano em sua dimensão universal. O "paciente" é o próprio fenômeno, por exemplo, os nudes e os youtubers. O segundo funciona melhor para entender como um paciente pode desenvolver um sintoma culturalmente determinado, como era o caso de Bia.

Começo com o conceito de psique do real, que designa o conjunto de pressupostos inconscientes que determinam *ao mesmo tempo* as representações que fazemos da realidade e aquelas com que construímos nossa identidade. Uma grife é uma representação de *status* social (de prestígio social) produzida pela sociedade de consumo. Assim como um casaco "dupla face" pode ser usado de ambos os lados, a grife é uma representação "dupla face" que pode ser usada tanto do lado da realidade – uma bolsa da grife X é lida pelo grupo como signo de *status* social – quanto do lado da identidade: ao comprar a bolsa da grife X, o sujeito *se representa* como tendo certo *status* e como pertencente a esse grupo social.

Surpresa! Eu, que procurava um caminho para pensar a relação psique-mundo, descubro que o conceito de psique do real resolvia o meu problema simplesmente *desconstruindo a falsa dicotomia "dentro-fora"*. Marielle mostra que o mesmo raciocínio vale para tudo o que diz respeito à cultura digital.

O conceito de psique do real me ajudava a abordar o consumismo como forma de subjetividade num nível mais "universal". Mas, como já disse, eu tinha também um caso particular: minha paciente apresentava uma compulsão a comprar roupas de grife. E aqui outro caminho me pareceu produtivo: tomar a sociedade de consumo como uma instituição (Baudrillard, 1996).

Como qualquer instituição, essa também institui sentidos que se tornam operantes tanto no nível social quanto no individual. Acabei entendendo que, em função de sua fragilidade narcísica, Bia tinha se tornado dependente de uma única instituição, a sociedade de consumo, porque ela lhe garantia a "salvação pela grife". Nesse sentido, não se tratava de compulsão, mas de *adição*: a grife tinha se tornado uma prótese da identidade, isto é, parte de sua economia psíquica. Não podia ser dispensada sob pena de descompensação psicótica.

Nessa mesma linha, Marielle fala de um adolescente de 14 anos que passa doze horas por dia no TikTok. Aqui também se trata de adição. A diferença é que a dependência não é em relação a uma representação (a grife), mas a estímulos sensoriais excitantes ou anestésicos proporcionados pelos vídeos do TikTok. Quando há ameaça de fragmentação do eu, ele os usa para se manter organizado psiquicamente. São instituições diferentes, mas o uso que o psiquismo faz delas é o mesmo. Ou seja, uma cultura tanto determina os *modos de ser* quanto os *modos de sofrer*, quando adentramos o terreno da psicopatologia.

Para quem perdeu o fio da meada, minha ideia neste Prefácio é descrever o "DNA" – a postura epistemológica, os pressupostos conceituais – que sustenta e permite o tipo de psicanálise do cotidiano praticado por Marielle Kellermann neste livro.

Abordei brevemente a diferença entre tomar o fenômeno dos nudes como "paciente" (mapear um campo do real) e entender de que modo a prática do nude entra na economia psíquica de um analisando. Gostaria de abordá-la agora enquanto *elemento da cultura*, isto é, como *sistema simbólico* com lastro suficiente para subjetivar certo grupo social.

Quando essa prática se torna parte da cultura de um grupo, ela se torna natural e até esperada. Ou vice-versa: quando uma prática se torna natural e esperada, sabemos que se tornou um elemento da cultura daquele grupo. No caso dos nudes, as fotos íntimas deixam de ser vistas como pornografia e ganham um nome simpático. A prática foi instituída, tornou-se uma cultura, um sistema simbólico – ou seja, *agora tem o valor de linguagem*, tanto que em certos grupos os jovens se comunicam por meio dela.

Mas *de onde surgem* os elementos que em algum momento se transformam em uma nova cultura/em uma nova linguagem? Volto ao conceito de psique do real, de Herrmann, dessa vez para aproximá-lo do conceito de imaginário radical, de Castoriadis. Até onde entendo, real e imaginário radical são dois nomes para esse "lugar" de onde surgem os possíveis – tudo aquilo que determinada época e lugar é capaz de conceber como forma de vida possível.

Segundo Poirier (2003), estudioso da obra de Castoriadis, a imaginação radical forma "aquilo de onde surgem os esquemas e as figuras que são condição de toda representação e de todo pensamento" (p. 391) e "deve ser considerada sob dois aspectos: o imaginário instituinte e o imaginário instituído" (p. 388).

"Por *instituinte* deve-se entender o trabalho de um coletivo humano criador de significações novas que vem desestabilizar e transformar as formas históricas existentes" (p. 388). A *realidade virtual*, com todos os seus desdobramentos – internet, redes sociais, produção e consumo constante de conteúdos –, é um exemplo de significação nova que "nasceu" e transformou as formas históricas que conhecíamos até então.

Já o imaginário *instituído* é o produto do instituinte, isto é, o "conjunto de instituições que encarnam e dão realidade a essas significações, quer sejam materiais (utensílios, técnicas, instrumentos de poder, etc.) ou imateriais (linguagem, normas, leis, etc.)" (p. 388). Pois bem: a prática dos nudes é um exemplo de significações imateriais ligadas ao instituído. Essa linguagem era impensável, mas se tornou pensável, e agora existe como realidade. Passamos a conviver com esses comportamentos com naturalidade, no sentido de que aceitamos que faz parte da realidade cotidiana pautada pelas tecnologias digitais.

Dessa perspectiva, parece-me útil pensar *a internet como instituição e como linguagem*. Isso nos ajuda a ler criticamente outros autores. Por exemplo, Shirky, um autor citado por Marielle (Capítulo 1. Viver conectado, subjetividade no mundo contemporâneo), afirma que a "cultura da participação" (todos conectados) tem a ver com um "excesso de tempo livre unido a uma nova possibilidade tecnológica". Fica evidente que, se todos vivemos mais ou menos conectados, dedicando parte das nossas vidas a produzir e compartilhar conteúdos, não é porque temos mais tempo livre, e sim porque ninguém escapa da linguagem, que nos antecede e nos constitui enquanto sujeitos.

Assim como a religião, a internet é uma instituição. O fato de não ter realidade física, como casas de culto e sacerdotes, é um mero detalhe. É assim que, de repente, em pouco tempo, vimos ser instituída uma cultura cuja principal característica é ter desconstruído categorias que pareciam "imexíveis": tempo, espaço e a própria realidade como a conhecíamos. Longe de isso ser vivido como um problema, tal vertigem foi incorporada e até festejada como "nossa nova realidade": a realidade do/no século XXI. E todos convivemos (mais ou menos) tranquilamente com o que soaria para lá de bizarro vinte anos atrás.

Este Prefácio já começa a se estender demais, mas não gostaria de encerrá-lo sem considerar duas ideias ligadas ao tema das tecnologias digitais.

A primeira é que, *do ponto de vista da realidade psíquica, a realidade virtual não deve nada à realidade material/física/concreta.* O like na rede social afeta positivamente nosso narcisismo porque ele é real, é "de verdade", assim como o *cyberbullying* e o cancelamento podem ser devastadores. O medo de ser assassinado num jogo virtual produz taquicardia e sudorese porque, para a realidade psíquica, o perigo é real, "de verdade" (como, aliás, a brincadeira presencial de "mocinho e bandido").

A segunda ideia é que a realidade virtual mostra uma coisa que nós, psicanalistas, sempre soubemos: *a realidade psíquica se manifesta com toda a sua potência quando suspendemos a realidade material/física/concreta.* É por isso que o analista não coloca fotos de família no consultório, evita falar de sua vida pessoal e, sobretudo, não leva o analisando para jantar em sua casa. Sabemos que o contato com a "vida real do analista" dissolveria a transferência, e nós precisamos dela para trabalhar: ela nos dá acesso indireto à realidade psíquica do analisando.

A própria situação analítica clássica (divã + interdição de contato físico) mostra claramente que basta subtrair a realidade física para que a realidade psíquica se apresente/manifeste/desenvolva com toda a sua força. Ora, é exatamente isso que acontece quando nos relacionamos com pessoas num ambiente virtual: a *realidade física do outro está ausente.* Tenho a impressão de que essa característica, comum ao enquadre analítico e à realidade virtual, potencializa, ou pelo menos favorece, transferências de todos os tipos: idealizações, paixões amorosas, paixões odiosas, paranoias, pânicos ligados a teorias da conspiração etc.

O resultado é o que vemos: nas redes sociais, circulam livremente toneladas de afetos em estado bruto, primitivos, com toda a sua carga de violência. Estes se originam nos núcleos psicóticos (que todos temos, em maior ou menor grau) e se destinam a "pessoas" *que são ao mesmo tempo reais e construídas pela transferência.* Com o agravante de que, do outro lado, não há ninguém para conter e transformar esses afetos: ao contrário, devolvem tudo na mesma moeda, levando a violência ao paroxismo. Não consigo ver uma saída desse lugar onde fomos parar.

Bem, é isso. Espero ter conseguido apresentar, ainda que brevemente, algumas das ferramentas epistemológicas de que dispomos enquanto psicanalistas para pensar a cultura digital, bem como as formas de subjetividade constituídas na e por essa nova linguagem. Finalizo com uma frase de Marielle Kellermann que coloca em evidência o que podemos designar, para usar a já citada metáfora, como "postura do marinheiro": "apesar das dimensões pouco delimitadas do tema tratado, creio que uma postura psicanalítica fundamental diante das invenções seja a da hospitalidade na presença da ruptura, da humildade diante do que a cultura nos propõe como desconhecido e como novo" (Capítulo 1).

Referências

Baudrillard, J. (1996). *La société de consommation*. Ed. Poche.

Da Viola, P. (1975). *Argumento*. Odeon.

Herrmann, F. (2001). *Andaimes do real: psicanálise do quotidiano.* Casa do psicólogo.

Kaës, R. (1991). Realidade psíquica e sofrimento nas instituições. In R. Kaës et al. (Orgs.), *A instituição e as instituições: estudos psicanalíticos*. pp. 1-39. Casa do Psicólogo.

Minerbo, M. (2019). Loucuras cotidianas. In M. Minerbo, *Novos diálogos sobre a clínica psicanalítica*. pp. 233-278. Blucher.

Minerbo, M. (2020a). Relativizando crenças teóricas. In M. Minerbo, *A posteriori, um percurso.* pp. 55-78. Blucher.

Minerbo, M. (2020b). Interpretando fenômenos socioculturais. In M. Minerbo, *A posteriori, um percurso*. pp. 155-156. Blucher.

Poirier, N. (2003). Cornelius Castoriadis. L'imaginaire radical. *Revue du MAUSS*, 1(21), pp. 383-404. Disponível em: https://www.cairn.info/revue-du-mauss-2003-1-page-383.htm.

Prólogo

Este livro é uma reunião de textos escritos nos últimos dez anos, alguns publicados em revistas de psicanálise, outros, não. Em minha experiência de análise pessoal, deitada em divãs, posteriormente como estudante e atualmente como psicanalista, sempre me intrigou o que eu observava como uma espécie de espaço, de separação entre o que era escrito, estudado e veiculado como conhecimento psicanalítico, em congressos, livros e na formação profissional, e a vida comum de todos nós. Em certas situações, que descreverei ao longo dos capítulos, parecia-me que o analista habitava um mundo e eu, como paciente ou como estudante em formação, outro.

Foi a partir dessa inquietação que lancei meu olhar como psicanalista na direção da relação entre o sujeito e a tecnologia, as vivências das pessoas no mundo digital.

Teoricamente, apoio-me no trabalho de Fabio Herrmann, psicanalista paulistano, que diz que muito mais se escreve sobre o tratamento analítico do que sobre o humanístico dia a dia, e que pretendia analisar as regras de constituição do cotidiano, pois a psique, o objeto da psicanálise, ocorre essencialmente na vida cotidiana dos homens, e que voltar ao cotidiano é voltar à casa paterna (Herrmann, 2001, p. 9).[1]

Se vou me repetir ao referenciar Herrmann ao longo dos capítulos é porque trata-se de uma companhia vital para minha maneira de pensar uma psicanálise que se dedica a olhar para o mundo em que as pessoas estão, um mundo com características culturais, políticas, históricas. Uma psicanálise encarnada no corpo da realidade.

No mundo pós-pandemia, a relação do sujeito contemporâneo com o universo online nos parece, hoje, tão evidente, naturalizada e comum que poderia ser dada como uma experiência compartilhada que não mereceria grandes atenções – afinal, todos nós compramos online, atendemos pacientes, compartilhamos conteúdos em redes sociais, pagamos contas, estudamos e nos comunicamos por meio de soluções digitais presentes em nossos smartphones. No entanto, é bastante recente a situação de estarmos conectados o tempo inteiro via dispositivos móveis, assim como são novas algumas soluções digitais que rapidamente passam a integrar nossa rotina.

Foi uma escolha refletida manter os textos com as características e informações originais, referentes ao ano em que foram escritos. Essa escolha tem por objetivo apresentar ao leitor quão recente são alguns comportamentos e experiências no mundo digital, com o propósito mesmo de causar estranheza diante de questões que tão rapidamente não se colocam mais. O texto do primeiro capítulo foi publicado em 2013 e tem como questão central "por que as pessoas compartilham informações online"; nos últimos dez anos, essa situação tornou-se tão comum que talvez esse estranhamento não faça mais sentido aos olhos acostumados de agora, mas é relevante lembrar que se trata de uma experiência recente.

---

[1] Herrmann, F. (2001). *Andaimes do real: psicanálise do quotidiano.* Casa do psicólogo.

O segundo capítulo é um texto que foi apresentado, em 2015, como trabalho no congresso da International Psychoanalytical Association (IPA), em Boston, e discute onde é o aqui e quando é o agora nas análises não presenciais. É importante ressaltar que atender pacientes fora do consultório físico tradicional nessa época ainda era tema de grandes preocupações e reservas. O texto desse capítulo elege um conceito central da relação analítica, a transferência, para pensar como se dá o elemento transferencial em análises não presenciais.

No Capítulo 3, um texto inédito, proponho um argumento central que atravessará outros textos a respeito dos deslizamentos provocados pela experiência digital, na qual o que é mundo externo e o que é próprio do mundo interno tendem a se mesclar, perdendo seus contornos evidentes, e como essa mistura e o borramento de limites é uma característica de design própria da experiência digital.

O Capítulo 4 tem uma história curiosa e única. Em 2016, uma agência de publicidade que desenvolvia estudos de tendências de mercado me contatou para que eu escrevesse a respeito do fenômeno do compartilhamento de fotos e vídeos íntimos na internet. Essa agência tinha sido contratada por uma empresa de produção de material pornográfico que, ao que parecia, estava perdendo mercado para o novo fenômeno de pessoas comuns estarem compartilhando esse tipo de material online e de forma gratuita. Não creio que minhas reflexões tenham auxiliado na crise da indústria pornográfica, mas serviram, ao menos para mim – e, agora, espero que para você –, como elemento relevante para se pensar o sujeito da sexualidade imerso no admirável mundo novo da internet.

O Capítulo 5 é um texto que foi publicado em 2017 na *Revista Ide: Psicanálise e Cultura*. Nesse trabalho, discuto o fenômeno youtuber, sua importância para as gerações mais novas, assim como os caminhos inconscientes de identificação com esse novo formato de mídia. Novamente, nessa seara a questão parecia nova à época, sendo algo bastante naturalizado atualmente. A relevância dos ditos influenciadores digitais, ou criadores de conteúdo, está bastante estabelecida e fez com que a publicidade fosse transformada em relação ao que era na época pré-internet.

O Capítulo 6 foi publicado em 2022 no *Jornal de Psicanálise*, revista científica da área, e traz uma reflexão utilizando algumas ideias do filósofo Byung-Chun Han a respeito de novas formas de sofrer próprias do sujeito hiperconectado. *Burnout*, depressão e uma nova economia da atenção são sofrimentos psíquicos descritos precisamente por Byung-Chun Han como sintomatologia própria do sujeito do desempenho, imerso na lógica neoliberal dos empreendedores de si mesmos.

O Capítulo 7 é uma breve descrição de um projeto de podcast que nasce na esteira das reflexões postas neste livro. O podcast *Lá fora, coisas do mundo atual pelo olhar da psicanálise*, produzido por mim, pelo psicanalista Pedro Colli Badino de Souza Leite e pela psicanalista Vanessa Figueiredo Corrêa, é uma realização criativa, para usar uma linguagem winnicottiana, a partir das minhas inquietações (e de meus colegas) na última década. Busca trazer uma resposta às questões: por que a psicanálise fica longe das pessoas? Por que não fala de assuntos corriqueiros? Por que não se apresenta com uma linguagem e em um formato mais acessíveis?

O último capítulo é um passeio teórico pelos últimos dez anos de estudo e traz considerações a respeito do que é datado e que, portanto, deve ser deixado na beira da estrada, e o que se mantém atual e vivo, mesmo com o transcorrer rápido das mudanças. Esse último texto tem como objetivo retomar os pontos mais relevantes dos capítulos anteriores.

A pandemia modificou a maneira como as instituições psicanalíticas, assim como seus membros, acataram o formato de análise online, bem como o fato inescapável de estarmos todos, pacientes e analistas de diferentes gerações, presentes no universo digital. No entanto, essa situação já encontrou muito mais resistência, desconfiança e crítica há pouco tempo. A proposta do meu olhar para a relação sujeito-mundo digital sempre foi a de hospitalidade diante do inédito e do desconhecido, tendo cuidado para tomar distâncias seguras de pensamentos nostálgicos ou defensivos que podem vir a obliterar a clareza do olhar e as experiências desconcertantes em face da ruptura do novo. Acompanha-nos pelos seguintes capítulos o pensamento do filósofo italiano Agamben ao dizer que o verdadeiramente contemporâneo é aquele sujeito que não adere completamente ao seu tempo, mas que pode propor estranhamentos e descolar-se para questionar; ou, nos versos de Paulinho da Viola: "Sem preconceito ou mania de passado / Sem querer ficar do lado de quem não quer navegar / Faça como o velho marinheiro / Que diante o nevoeiro / Leva o barco devagar" ("Argumento", música composta em 1975 que fala sobre a descaracterização do samba).[2]

Seguindo com o pensamento de Fabio Herrmann a respeito do método psicanalítico, o mundo pode ter mudado daquele conhecido e descrito por Freud, algumas teorias mostram-se datadas e podem ser revistas, porém o método enquanto processo investigativo segue vivo e útil como ferramenta para se pensar o mundo sem precedentes das nossas experiências no universo digital.

[2] Da Viola, P. (1975). *Argumento*. Odeon.

1. Viver conectado, subjetividade no mundo contemporâneo[1]

Tá legal, eu aceito o argumento . . .
Sem preconceito ou mania de passado
Sem querer ficar do lado de quem não quer navegar
Faça como um velho marinheiro
Que durante o nevoeiro
Leva o barco devagar
(Paulinho da Viola, "Argumento", 1975)

Introdução

Cada vez mais é comum vermos as pessoas em restaurantes, salas de aula, cinemas, bares e salas de análise com seus telefones celu-

[1] Texto originalmente publicado em 2013 na *Revista Ide: Psicanálise e Cultura*, Sociedade Brasileira de Psicanálise de São Paulo, *35*(55), pp. 89-101.

lares, tablets, laptops conectados à internet, em especial às redes sociais.

Recentemente, li no Facebook de um amigo: "Vou fechar minha conta no Face!". Dentre os vários comentários postados a respeito, um chamou minha atenção, pois dizia em tom de brincadeira e jogava com as palavras do post: "Tava pensando em fechar minha conta na vida e ficar só no Face... rsrs".

O que significam esse tipo de comportamento e de ideia? De que forma a virtualidade das relações interfere, influencia na nossa subjetividade, sujeitos da contemporaneidade?

Acredito que tais questões sejam amplas, complexas, e que o caminho para a sua compreensão seja longo; porém, me parece que, de alguma maneira, o sentimento de desorientação diante de tamanha novidade seja partilhado por todos, seja pelos que se utilizam da tecnologia, seja pelos que a promovem, seja pelos que tentam compreender por quais sistemas subjetivos tais mudanças operam.

Mundo contemporâneo

Baudrillard, sociólogo e filósofo francês, teoriza a respeito da sociedade contemporânea em *A sociedade de consumo* (1995). A sociedade de consumo, segundo ele, se configura como uma sociedade que tem como mito tribal, como moral da modernidade a abundância do consumo. *Consumir* aqui tem um sentido diferente de comer, beber e vestir-se, mesmo que com prestígio de classes privilegiadas de outras épocas. "A nossa época é a primeira em que tanto os gastos alimentares correntes como as despesas de prestígio se apelidam de consumir" (Baudrillard, 1995, p. 265).

Ao dizermos que a sociedade de abundância é o seu próprio mito, compreende-se que é dessa forma que ela se expressa. A nossa sociedade se pensa e se expressa como sociedade de consumo, tendo a publicidade como seu hino fundamental.

O texto de Baudrillard é denso e nele o autor encerra uma crítica a essa conformação social ao analisar a sociedade contemporânea como tendo a si mesma como seu próprio mito, na qual as celebridades não são em nada diferentes de nós mesmos, apenas enaltecidas pela publicidade.

Podemos pensar aqui em Andy Warhol, artista das décadas de 1960 e 1970 conhecido pelos trabalhos de serigrafia, nos quais reproduzia celebridades (um dos trabalhos mais famosos foi a representação de Marilyn Monroe) e as latas de sopa Campbell, fazendo, ao mesmo tempo, uma crítica e um enaltecimento da celebridade vazia, copiada ao infinito. É dele a célebre frase "*In the future everyone will be world-famous for fifteen minutes*" ("no futuro, todos serão mundialmente famosos durante quinze minutos", em tradução livre),[2] tendo ficado reconhecido como o precursor da arte pop.

Essa sociedade desenhada pelas duras palavras de Baudrillard, especialmente os países ricos de influência norte-americana, criou para si um modo concreto e subjetivo de operar na e pela abundância. Abundância do consumismo de produtos e serviços, representado pelos grandes *shopping centers*, nos quais todo e qualquer desejo (de consumo) pode ser satisfeito doze horas por dia, em

[2] Quinze minutos de fama é a publicidade de mídia de curta duração ou celebridade de um indivíduo ou fenômeno. A expressão foi inspirada por uma citação erroneamente atribuída a Andy Warhol: "No futuro, todos serão mundialmente famosos por 15 minutos". Atribuído a duas outras pessoas, o primeiro uso impresso foi no programa de uma exposição de 1968 da obra de Warhol no Moderna Museet em Estocolmo, Suécia. O fenômeno é frequentemente usado em referência a figuras da indústria do entretenimento ou outras áreas da cultura popular, como *reality shows* e YouTube (Wikipedia).

quase todos os dias da semana, com temperatura controlada e ambiente climatizado.

Chegamos ao ponto em que o consumo invade toda a vida e todas as atividades se encadeiam do mesmo modo combinatório em que o canal das satisfações se encontra previamente traçado, hora a hora, em que o envolvimento é total, inteiramente climatizado, organizado, culturalizado (Baudrillard, 1995).

No entanto, ressalta o autor, não é fácil adaptar-se à abundância, e antes de esse novo sistema inaugurar uma sociedade ideal promove apenas algo muito diferente. O mito da abundância, segundo Baudrillard, é antes um mito do que algo com que o homem seja realmente capaz de lidar. Nessa nova configuração, na qual toda a positividade do desejo se degrada na cadeia das satisfações, a negatividade do desejo se realiza em somatizações (depressão, estresse) e *acting out* de violência sem objeto.

Para compreender essa ideia, podemos revisitar Freud em *O mal-estar na civilização*, numa perspectiva metapsicológica a respeito da felicidade. Diz Freud, em 1930: "Somos feitos de modo a só podermos derivar prazer intenso de um contraste, e muito pouco de um determinado estado de coisas. Assim nossas possibilidades de felicidade sempre são restringidas por nossa própria constituição" (1930/1974, p. 95). Ao final dessa frase, há uma nota de rodapé com versos de Goethe que dizem: "Nada é mais difícil de suportar que uma sucessão de dias belos".

Baudrillard continua – e agora podemos compreender melhor – com uma teorização metapsicológica da condição psíquica de tolerar o prazer descrita por Freud, de que a sociedade da abundância, que se esforça por abolir esforços, resolver tensões e facilitar automatismos, se faz uma sociedade de estresse, de tensão e de *dopping* (Baudrillard, 1995, p. 247).

A sociedade de consumo, como é teorizada pelo sociólogo francês, vive do seu próprio mito e tem a si mesma como espelho e como meta, saturando-se na abundância que criou para si mesma. Freud, em *O mal-estar na civilização*, ao escrever a respeito da busca da felicidade, diz: "Uma satisfação irrestrita de todas as necessidades apresenta-se-nos como o método mais tentador de conduzir nossas vidas; isso, porém, significa colocar o gozo antes da cautela, acarretando logo o seu próprio castigo" (1930/1974, p. 96).

Excessos

Nessa sociedade de consumo, segundo Baudrillard, vivemos sob o mito da abundância, satisfazendo irrestritamente os desejos. Esse modelo cria sintomas informulados, inconscientes e produz violência social sem objetivo. O autor escreve que tal configuração faz com que tenhamos saudades dos tempos da violência ideológica, formulada, definida. Diz, então:

> *Já não pode haver sentido na substância da vida assim unificada, em semelhante digest universal: deixou de ser possível o que fazia o trabalho do sonho, o trabalho poético, o trabalho do sentido, ou seja, os grandes esquemas do deslocamento e da condensação, as grandes figuras da metáfora e da contradição. (Baudrillard, 1995, p. 21)*

Pois bem, parece-nos verdade contrapor essa contemporaneidade dissoluta, excessiva até a uma situação feliz, como a que nos descreve Žižek, filósofo esloveno, ao dizer que "Num país como a Tchecoslováquia no fim da década de 1970 e na de 1980, as pessoas eram de certa forma felizes: três condições fundamentais eram satisfeitas ali" (2003, pp. 77-78). As condições eram: as pessoas tinham as necessidades básicas satisfeitas, mas não excessivamente satisfeitas; existia O partido para receber a culpa de tudo que estivesse errado e, por fim, havia um Outro lugar (o ocidente) com o qual se podia sonhar.

Podemos considerar que a contemporaneidade aboliu essas condições de felicidade ao satisfazer excessivamente as necessidades – e criar muitas outras –, ao extinguir a existência de um grande outro no qual toda a culpa e a responsabilidade podem ser depositadas e ao retirar a existência de um Outro lugar. Com o acesso atualmente permitido pela tecnologia, poucos lugares nos soam psiquicamente como outro lugar: talvez países com regimes políticos fechados ou ilhas isoladas.

Baudrillard fala em excesso de satisfação, criando uma culpabilidade que transborda em sintomas individuais e violência social. Freud fala que a busca irrestrita da realização dos nossos próprios desejos acarreta em castigo e coloca a condição necessária para a satisfação, o contraste, em contraposição à sucessão dos dias belos.

Podemos nos perguntar: em que se excede? Nossa sociedade seria uma sociedade de excessos? Que finalidade estaríamos dando a esses excessos?

São diversos os excessos existentes e passíveis de observação mais atenta no mundo contemporâneo. O artigo de Minerbo (2007) discute a violência excessiva e a arte sem mediação simbólica de maneira clara e lança luz de forma interessante e inovadora a respeito de novas configurações contemporâneas sobre a arte e a violência, ou como essas duas áreas se aproximam (no caso da arte). No presente trabalho, no entanto, gostaria de focar um tipo de comportamento que encerra em si excessos – ou que tenta dar conta de excedentes?

Um comportamento que vem se tornando cada vez mais frequente (e excessivo?) no dia a dia, em especial entre os mais jovens (crianças e adolescentes), mas também entre adultos (em menor intensidade nos de mais idade), é o uso dos dispositivos tecnológicos, e me refiro a qualquer dispositivo com acesso à internet: celulares, tablets, laptops utilizados para conexão com as mídias sociais e sites, blogs, redes de relacionamento. Esse comportamento de pessoas dirigindo, andando pela rua, sentadas em restaurantes, em cinemas, entre amigos, na sala de análise com seus celulares e afins, "conversando" com outras pessoas online, postando comentários e fotos, vendo o que outros postam, me parece uma conduta social fundamental para compreendermos algo muito diferente que vem acontecendo.

Novo comportamento

Shirky é professor do Programa de Telecomunicações Interativas da Universidade de Nova York, e em seu livro *A cultura da participação* (2010) propõe uma hipótese a respeito de por que as pessoas passaram de maneira intensa e coletiva a compartilhar informações, fotos, opiniões via internet.

As pessoas ao redor do mundo estão compartilhando informações, como é o caso da Wikipédia, a enciclopédia colaborativa online que tem o conteúdo gerado por usuários; outro exemplo são as redes sociais, nas quais as pessoas compartilham fotos, informações pessoais, vídeos e comentários de toda espécie. Uma espécie de site que começou como blog nas eleições de 2007 do Quênia propunha que as pessoas postassem, em tempo real, cenas de violência que testemunhassem. O blog recebia a mensagem e marcava em um mapa a localização do crime. O site, cujo nome era Ushahidi ("testemunha", em suaíli), foi transformado em plataforma e utilizado como meio de obtenção de informações em outros países, como República do Congo, Índia, México, Haiti e Brasil. Os organizadores do site partem do princípio de que o cidadão testemunha e informa melhor e mais rapidamente que a mídia oficial (Shirky, 2010, pp. 19-20). Esses são exemplos, alguns mais úteis socialmente, outros menos, de compartilhamento da informação.

Shirky descreve a sociedade como tendo ficado por um certo tempo parada na frente da televisão. Os dados que disponibiliza são de que pessoas de países industrializados passavam, em média, de vinte a trinta horas por semana assistindo à TV. Atualmente, de 2002 para cá, os mais jovens vêm assistindo menos à televisão que os mais velhos.

O autor aponta que diversos estudos relacionavam a grande quantidade de horas na frente da TV com a falta de qualidade de vida e insatisfações no campo da vida social; no entanto, Shirky propõe que ver TV não era o problema, mas, sim, a tentativa de resolução de um problema. A questão que a TV veio "solucionar" foi um excedente de tempo resultante da revolução industrial, das horas determinadas de trabalho e das novas tecnologias domésticas. As famílias tinham tempo livre, que a televisão veio a ocupar.

Shirky usa a mesma lógica para pensar a "cultura da participação". Segundo o autor, há um excesso de tempo livre unido a uma nova possibilidade tecnológica, criando excedente cognitivo que, devido ao esgarçamento do tecido social como o conhecíamos, criou uma nova configuração social na qual as pessoas, cidadãos comuns, passaram a fazer parte de um novo panorama de mídia.

> *o nosso tempo livre acumulado, que se avolumou primeiro com as jornadas de trabalho semanais com quarenta horas e cresceu depois da Segunda Guerra Mundial, com populações maiores e mais saudáveis, com o aumento de oportunidades educacionais, e com a difusão da prosperidade. Todo aquele tempo livre ainda não era um excedente cognitivo, porque nos faltavam os meios para usá-lo.*

> *De fato, mesmo com o acúmulo crescente de tempo livre no mundo desenvolvido, muitas das antigas estruturas sociais que nos uniam foram desmanteladas, tais como piqueniques, associações de vizinhos, campeonatos de boliche e compras feitas a pé. (Shirky, 2010, p. 161)*

Dessa forma, Shirky, um professor americano em uma instituição norte-americana, berço das novas tecnologias e da grande sociedade de consumo, segundo as definições de Baudrillard, olha para este momento contemporâneo pensando que o excesso: de tempo livre, de capacidade cognitiva que as pessoas acumularam e também o excesso (poderíamos pensar aqui em falta, em solidão e desamparo) de desejo de estarem juntas e trocarem experiências, coisa que a vida nos grandes centros urbanos tem dificultado, tem se tornado parte de uma nova realidade de mídia compartilhada via redes sociais, sites, blogs e qualquer dispositivo virtual que tenha "conteúdo gerado pelo usuário".

A ideia, segundo Shirky, é a de que o usuário saiu do papel de mero "consumidor" de informação para se tornar cocriador dela. No entanto, segundo a teorização de consumo de Baudrillard, as mídias sociais, seus usuários e a forma de essa interação acontecer são mediados pelo mito operador do consumo enquanto moral do mundo contemporâneo. Vimos aqui que consumo se dá como operador simbólico social.

Podemos exemplificar a crítica de Baudrillard considerando que o Facebook hoje é o maior compêndio de informação de marketing global exatamente por ter seu conteúdo gerado pelo usuário. Ali estão contidas informações de consumo mais eficazes e verdadeiras do que qualquer pesquisa de mercado poderia alcançar.

Em uma cena do filme *The Social Network* (*A rede social*), de 2010, o ator que interpreta o personagem Mark Zuckerberg, criador do Facebook, está em uma sala com advogados e dois estudantes de Harvard que o acusam de terem lhes roubado a ideia da rede social. Zuckerberg olha pela janela e comenta que está chovendo. O advogado pergunta se tem a completa atenção de Zuckerberg, ao que este responde, ironicamente, que, por estar sob juramento, não deve mentir, e que, portanto, não, ele não tem toda a sua atenção, apenas o mínimo necessário dela. Essa cena anuncia um certo estado de mente que se apresenta no mundo contemporâneo. Poucas e raras situações parecem requerer ou exigir a nossa total atenção atualmente.

É comum vermos as pessoas se dividindo, parcelando a atenção, o contato, como se a tela do computador ou do celular, com muitos ícones em aberto, fosse uma representação gráfica adequada das pessoas que conversam e imediatamente postam um comentário daquela mesma conversa no Facebook; de quando estamos em uma festa, tiramos uma foto e compartilhamos (via Facebook, Instagram); dos que estão no cinema e em uma cena pouco interessante "conversam" com algum amigo via mensagem pelo celular.

Shirky ressalta que "vivemos, pela primeira vez na história, em um mundo no qual ser parte de um grupo globalmente interconectado é a situação normal da maioria dos cidadãos" (2010, p. 27) e cita o físico Philip Anderson, ganhador do Nobel no ano de 1977 que diz que "mais é diferente": quando você agrega uma grande quantidade de alguma coisa, ela se comporta de novas maneiras (Shirky, 2010, p. 28).

Compartilho, logo existo

Considerando a psique como lógica produtiva de interação entre o que é individual e o que é social, cabe-nos, enquanto campo de conhecimento psicanalítico, perguntar de que maneiras e que significados estão sendo operados no fato de que as pessoas estão, em suas vidas diárias de trabalho e lazer, conectadas via dispositivos tecnológicos com muitas outras pessoas, na maior parte das vezes com amigos e conhecidos.

A psicóloga Sherry Turkle, que é professora de Estudos Sociais de Ciência e Tecnologia no Instituto de Tecnologia de Massachusetts, iniciou suas pesquisas na área da psicanálise e atualmente pesquisa a interação entre sujeito e tecnologia. Em uma palestra disponível no YouTube, Turkle faz algumas considerações a respeito das repercussões psíquicas de se estar sempre conectado. Ela diz que ter uma conversa real (e, por real, se refere a não ser virtual, com presença física) toma um tempo real, e em uma conversa desse tipo não se controla o que se diz. A conversa escrita nos permite um maior domínio e uma apresentação controlada de nós mesmos; a tecnologia possibilitaria, portanto, lapidar as relações. Turkle comenta algo que é comum ouvirmos no consultório (e é possível percebermos nas relações fora dele): os adolescentes, em especial, dizem que, para se comunicar, preferem escrever a falar.

Uma questão importante que se sobressai nessa situação de estar 24 horas por dia conectado é a sensação de estar sempre acompanhado por olhos e ouvidos. A tecnologia providenciaria uma impressão de escuta permanente. No entanto, esse acompanhamento virtual constante cria algumas ideias que merecem ser discutidas com atenção.

Podemos ter a sensação de que, com o smartphone carregado e tendo a conexão necessária (isto é, dadas as condições preservadas), três ideias se colocam como "verdadeiras": a primeira é a de que podemos colocar nossa atenção em que quisermos; a segunda, que seremos sempre ouvidos; e, finalmente, a ideia de que nunca ficaremos sós.

A ideia de que a conexão protege da solidão e do desamparo pode ser benéfica em um mundo contemporâneo em que as configurações familiares e sociais providenciam cada vez menos companhia e apoio; no entanto, na medida em que o que se torna natural é estar permanentemente acompanhado, não por um, não por alguns, mas por muitos "amigos" (vozes e ouvidos via comentários, mensagens, "curtidas" nas fotos etc.), a solidão passa a ser vista e sentida com pavor, como aterrorizante, como um estado de desligamento contra o qual é preciso lutar, um problema a ser resolvido, um estado que ameaça o sujeito em sua identidade e na percepção de si mesmo (Turkle, 2012).

Discussão

É hora de reunir as ideias.

Passamos por Baudrillard e sua concepção a respeito do mito do consumo. Freud diz ser natural que a busca pela felicidade procure a satisfação irrestrita dos desejos, mas salienta que o gozo traz consigo seu castigo, apontando um excesso de satisfação e determinada constituição psíquica para a fruição de prazer, o contraste em contraposição à sucessão de "dias belos".

Uma análise pragmática do professor norte-americano Shirky contempla as considerações históricas que levaram nossa sociedade a ter nas mãos tempo disponível, tecnologia e falta de contato social pelo esgarçamento da vida social urbana.

A utilização da tecnologia como "acompanhante", como olhos e ouvidos, vem dar conta de uma solidão e um desamparo que são sintomáticos na sociedade contemporânea como esta está configurada, na qual as pessoas vivem mais sozinhas, têm famílias menores, e as comunidades são menos presentes enquanto grupo social significativo.

Nesse contexto, as mensagens de texto, as fotos publicadas por amigos, os comentários recebidos nas próprias fotos criam uma sensação real de acompanhamento e apoio, mesmo que a distância, mesmo que virtual. Sujeitos se movem em sua vida "real", isto é, de trabalho, de afazeres diários, acompanhados por familiares e amigos numa realidade paralela e virtual que acontece num outro tempo e no mesmo tempo da vida rotineira. Realidades concretas e virtuais se sobrepõem e se confundem na percepção do sujeito, que pode sentir aquela virtual como contendo características importantes de "realidade", na medida em que a percepção de companhia, de afeto, de compartilhamento de ideias e percepções de fato ocorreu, independentemente do dispositivo eletrônico que intermediou o contato.

Como coloca Shirky, a tecnologia disponibilizou as ferramentas para que cada um fosse o autor de sua "mídia individual". Cada indivíduo recebe notícias por meio de seus contatos mais próximos, o mundo que chega até cada um de nós passou a ser codirigido por nós mesmos, e não é mais benefício de um grupo seleto de poucos que detinha e disponibilizava a informação (a imprensa).

As redes sociais podem ser pensadas sob a ótica de Baudrillard no sentido de que, na sociedade de consumo, as celebridades não são em nada diferentes de nós mesmos, visto a nossa sociedade ter a si mesma como mito.

Facebook (e outras redes sociais), Baudrillard e Warhol se aproximam na medida em que podemos considerar que com uma rede social todos podemos ser as celebridades de nossas próprias vidas e ter nossos quinze minutos de fama. Seguindo nesse sentido, a crítica de Baudrillard nos orienta a considerar a forma que esse compartilhamento de informações via internet vem tomando. Segundo o autor, a fenomenologia do consumo funciona como operador simbólico não apenas do consumo de produtos, mas das relações sociais, como climatizador da vida no geral. Dessa forma, pode-se pensar que as pessoas vêm compartilhando fotos, informações, vídeos etc. sob a égide desse mito; nas palavras do autor:

> *Na fenomenologia do consumo, a climatização geral da vida, dos bens, dos objetos, dos serviços, das condutas e das relações sociais representa o estádio completo e consumado na evolução que vai da abundância pura e simples, através dos feixes articulados dos objetos, até o ar condicionado total dos atos e do tempo. (Baudrillard, 1995, pp. 18-19)*

Um ponto crucial dessa discussão, além das repercussões subjetivas individuais e da forma que esse compartilhamento toma (o do mito do consumo), é a questão do *status* de realidade que tais comunicações virtuais tomam.

Žižek, filósofo esloveno de influência lacaniana, é autor de *Bem-vindo ao deserto do real!* (2003): o título se refere à frase que Morpheus fala a Neo, no filme *Matrix* (1999), quando Neo, depois de tomar a pílula vermelha, é desligado da Matrix e se vê diante da realidade desertificada. Žižek tem uma escrita rebuscada, o que nem sempre favorece a clareza das suas teses; contudo, apresenta um ponto interessante ao inverter a lógica esperada quando aponta que, ao virtualizarmos nossas vidas diárias,

> *O Real que retorna tem o status de outro semblante: exatamente por ser real, ou seja, em razão de seu caráter traumático e excessivo, não somos capazes de integrá-lo na nossa realidade (no que sentimos como tal), e portanto somos forçados a senti-lo como um pesadelo fantástico. (2003, p. 33)*

O autor esloveno considera que, na medida em que acontece cada vez mais a virtualização de nossas vidas diárias, o real passa a ser sentido como traumático e excessivo, tendo de ser convertido em algo de ficcional para, então, poder ser integrado.

Seguindo a teorização que Žižek utiliza, a fantasia tem a função de estruturar e apoiar a relação com a realidade; no entanto, existe sempre um excesso que resiste à imersão na realidade diária. A virtualização pensada por Žižek iria na direção de uma identificação total com a fantasia, em tal medida que a realidade passa a ser percebida como excessiva e traumática. Nessa perspectiva, inverte-se a ordem esperada de percepção entre realidade concreta e virtual para nos parecer mais real o virtual e irreal, como um "pesadelo fantástico", o real.

Podemos pensar sob esse aspecto a frase citada no início do texto a respeito de um comentário no Facebook: "Tava pensando em fechar minha conta na vida e ficar só no Face... rsrs". Essa frase denuncia a inversão de perspectiva, na qual o Facebook e toda a vida que ali se desenvolve passam a ser sentidos como mais reais que a vida não virtual.

Se a saída para a virtualidade busca uma fuga da solidão, uma tentativa de compartilhamento de toda espécie de laços, na forma de fotos, opiniões, informações, enfim, uma maneira de as pessoas se fazerem presentes umas na vida das outras, estaríamos criando um deserto do real?

Para encerrar, voltemos a Freud quando, em 1930, o criador da psicanálise teoriza a respeito da busca da felicidade em *O mal-estar na civilização*; ele diz:

> *Um outro processo opera de modo mais enérgico e completo. Considera a realidade como a única inimiga e a fonte de todo o sofrimento, com a qual é impossível viver, de maneira que, se quisermos ser de algum modo felizes, temos de romper todas as relações com ela. O eremita re-*

> *jeita o mundo e não quer saber de tratar com ele. Pode-se, porém, fazer mais do que isso; pode-se tentar recriar o mundo, em seu lugar construir um outro mundo, no qual os seus aspectos mais insuportáveis sejam eliminados e substituídos por outros mais adequados a nossos próprios desejos. (1930/1974, p. 100)*

Podemos considerar a virtualização das relações, da comunicação, sob essa perspectiva freudiana de busca da felicidade, na medida em que recriamos para nós uma realidade mais agradável e digerível. A tecnologia nos permite "fazer um Photoshop" das relações, dos momentos, da imagem com que nos apresentamos ao mundo.

Considerações finais

É certo que o texto abriga pontos diversos e amplos, e que muito pode ser discutido a partir de cada aspecto aqui tocado. A dimensão subjetiva de sentir-se sempre acompanhado *versus* o pavor de se ver abandonado quando ninguém "conversa" com o sujeito conectado. A fascinante questão das percepções de realidade e virtualidade que deu origem a tantos filmes, e em especial de que formas essas questões contemporâneas estão se fazendo presentes no consultório, nas sessões.

Não creio que falar em falência das possibilidades de sonho e do trabalho poético seja o caso quando se pensa nesse ponto aqui discutido, das pessoas conectadas. Aposto, ao contrário, na ideia de uma dialética na qual algo novo esteja surgindo para dar conta de solucionar problemas, ao mesmo tempo que cria sintomas.

Apesar das dimensões pouco delimitadas do tema tratado, creio que uma postura psicanalítica fundamental diante das invenções seja a da hospitalidade na presença da ruptura, da humildade diante do que a cultura nos propõe como desconhecido e como novo.

Referências

Baudrillard, J. (1995). *A sociedade de consumo*. (A. Morão, Trad.). Edições 70.

Da Viola, P. (1975). *Argumento*. Odeon.

Freud, S. (1974). O mal-estar na civilização. In S. Freud, *Edição Standard Brasileira das Obras Psicológicas Completas de Sigmund Freud* (v. XXI, pp. 81-171). (J. Salomão, Trad.). Imago. (Trabalho original publicado em 1930).

Minerbo, M. (2007). Crimes contemporâneos: uma interpretação ou o inumano. *Percurso, 38*, pp. 135-144.

Shirky, C. (2010). *A cultura da participação: criatividade e generosidade no mundo conectado.* (C. Portocarrero, Trad.). Zahar.

Turkle, S. (2012). *Connected, but alone?* Disponível em: http://www.youtube.com/watch?v=t7Xr3AsBEK4. Acesso em: 10/09/2012.

Žižek, S. (2003). *Bem-vindo ao deserto do real.* (P. C. Castanheira, Trad.). Boitempo.

2. Onde é aqui e quando é agora? Considerações sobre a transferência em análises online

A mente é a função geradora de metáforas que usa o grande computador para escrever poesia e pintar seus quadros de um mundo cintilante de significado. E significado é, em primeira instância, a manifestação fundamental das paixões da relação íntima com a beleza do mundo.

(Meltzer & Williamns, 1994)

Análise online

A análise feita fora do *setting* clássico do consultório, intermediada por vias eletrônicas, fosse feita anteriormente por telefone e recentemente por e-mail ou vídeo, surgiu primeiro na prática e depois passou a ser discutida teoricamente. Reflexões teóricas sobre esse novo *setting*, propiciado pela tecnologia da informação, surgiram *a posteriori*, como não poderia ser diferente na psicanálise, sendo a clínica instigadora e fonte de questões. Pacientes que mudavam de cidade ou viajavam a trabalho e não podiam comparecer às sessões, analistas em formação de países onde não há analistas didatas, cidades caóticas de difícil deslocamento, enfim, circunstâncias reais fizeram com que pacientes e analistas começassem a fazer uso da tecnologia existente para manter (ou possibilitar) a análise.

Como coloca Agamben, a terminologia é o momento poético do pensamento (2009, p. 27). Entendo que a dimensão poética da terminologia diz respeito ao cuidado com que escolhemos a palavra e toda a gama de compreensão que esta encerra em si. A psicanálise, ciência do inconsciente, sabe que as escolhas não tem nada de aleatório ou inocente, as palavras cercam, mais de perto ou menos assertivamente, uma ideia ou pensamento. Se escolhesse aqui utilizar o termo "análise virtual", por exemplo, incluiria nessa configuração analítica a ideia de virtualidade, incorporando, assim, por um descuido de escolha, toda uma fresta de entendimento que poderia remeter à ideia comum que pensa que o virtual é para o real o que uma cópia seria para o original; a partir dessa compreensão, o virtual teria sempre um *status* inferior e de certa artificialidade (Lemma & Caparrotta, 2014). Portanto, chamarei o formato de análise feita via algum dispositivo eletrônico de análise online.

Autores de diversos países vem publicando suas observações e reflexões a respeito da análise feita via algum dispositivo eletrônico (telefone, e-mail, Skype) por vértices teóricos ou clínicos. Giovanetti (2011) apresenta um caso clínico no qual o paciente viajava constantemente, mas mantinha o horário das sessões observado, mesmo que em fusos horários sempre distintos. O autor propõe a importância de uma "função-testemunho" do analista, que ocupa um terceiro espaço, um lugar de referência no aqui e agora transferencial que vem dar conta de um mundo no qual o advérbio de lugar se tornou um conceito em aberto.

No livro *Psychoanalysis in the Technoculture Era* (2014), resenhado por mim em trabalho anterior (Barbosa, 2014), os editores Lemma e Caparrotta e outros seis autores apresentam posicionamentos psicanalíticos na era da tecnologia, sejam estes referentes ao *setting* da análise, sejam olhares e reflexões teóricas voltados à cultura que vem sendo transformada pela tecnologia da informação. O primeiro capítulo do livro discute a resistência dos psicanalistas às modificações operadas pela comunicação virtual no *setting* e o acesso que o paciente atualmente tem a informações sobre o analista, colocando em xeque o ideal tradicional de anonimato (Andrea Sabbadini, 2014). Glan Gabbard (2014) propõe, a partir de um caso clínico, que a comunicação virtual pode ser compreendida como um possível espaço potencial no qual o paciente encontra a possibilidade de brincar com outras versões de si mesmo.

Jill Savege Scharff (2014) defende que análises não presenciais (via telefone, VoIP) podem oferecer a possibilidade de uma escuta mais acurada na atenção que o analista despende à fala do paciente, e que a corporeidade ausente seria apreendida pela entonação de voz, pelos silêncios etc.

Alessandra Lemma (2014) discute como o espaço virtual se faz sedutor como cenário de ilusão de onipotência para o adolescente e de que maneira a experiência corporal pode se dar nessa conjuntura. Vincenzo Bonamino (2014) aponta para o desencontro que pode existir entre o paciente jovem e seu analista no que se refere ao significado oferecido e compreendido de comunicações sobre a virtualidade e adverte sobre as certezas interpretativas.

Heather Wood (2014) discute cenários inconscientes de criminosos virtuais, tema delicado que envolve pedofilia via internet e propõe que o espaço virtual pode ser usado como campo de atuação da perversão enquanto defesa masoquista do *self*.

Com essas pinceladas sobre a literatura a respeito do tema, é possível notar que psicanalistas de diferentes países e com distintas experiências clínicas e *backgrounds* teóricos estão se debruçando para discutir o lugar da psicanálise na era da tecnologia da informação, de que forma esse "admirável novo mundo" vem modificando subjetivamente o sujeito da contemporaneidade e de quais maneiras a técnica psicanalítica está disposta a dar ouvidos às exigências que a sociedade da tecnologia faz.

Segundo Agamben,

> *Pertence verdadeiramente ao seu tempo, é verdadeiramente contemporâneo aquele que não coincide perfeitamente com este, nem está adequado às suas pretensões e é, portanto, nesse sentido, inatual, mas exatamente por isso, exatamente através desse deslocamento e desse anacronismo ele é capaz, mais do que os outros, de perceber e apreender o seu tempo. (2009, p. 58)*

Seguindo a ideia do filósofo italiano, ser contemporâneo é ter uma singular relação com o próprio tempo, uma relação ao mesmo tempo dissociada e anacrônica, na qual o sujeito não é totalmente atual e aderido ao próprio tempo, mas dele toma distâncias. Aqueles que coincidem muito plenamente com a época, que em todos os aspectos a esta aderem perfeitamente, não são contemporâneos porque, exatamente por isso, não conseguem vê-la, não podem manter fixo o olhar sobre ela (Agamben, 2009). Acompanhando as ideias de Agamben, estaria a psicanálise respondendo ao compromisso dessa relação especial com seu tempo?

O tema é amplo e diversas estradas de consideração se colocam possíveis como linhas que conduzem o pensamento; no entanto, escolherei apenas uma para discutir a análise online.

Andrea Sabbadini, psicanalista da Sociedade Britânica de Psicanálise, em seu texto *New Technologies and the Psychoanalytic Setting* (2014), diz que a questão fundamental a ser discutida a respeito da análise online é se a presença física da dupla analítica é imprescindível para que o processo psicanalítico ocorra. Proponho transpor essa questão para o plano epistemológico da metapsicologia da transferência.

Vou tentar formular precisamente a hipótese e depois buscar suas implicações. Minha questão, se formulada em termos simples, seria: se a transferência é a essência do método psicanalítico, seu traço mais distintivo, como ela se dá na análise online?

A pergunta não parece difícil, mas a resposta com certeza o é. Definir transferência ao longo da jornada da teoria psicanalítica, discutir de que maneira é tocada (ou não) pela modificação do *setting*. Na minha opinião, essa é uma das questões fundamentais a ser feita (não necessariamente respondida) a respeito desse tema, e este texto não tem a pretensão de encerrar a pergunta com considerações conclusivas, mas antes tentar circunscrever a questão. Um provérbio judeu diz que não devemos acabar com uma boa pergunta oferecendo uma resposta.

Transferência

A transferência é um conceito comum a todos os analistas; independentemente da corrente ou afiliação teórica, o olhar para a transferência e o seu manejo parecem ser um núcleo indiscutível da teoria e da técnica psicanalítica, visto as compreensões de inconsciente e transferência serem inseparáveis.

No início de seus estudos sobre a neurose, Freud mantém uma parceria intelectual com Breuer, com quem escreve *Estudos sobre a histeria* e publica, em 1895, o conhecido caso de Anna O. De acordo com Freud, o encerramento precoce do caso acontece devido ao choque produzido, no médico, pela manifestação da transferência da paciente.

Freud toma esse aspecto da relação entre médico e paciente, a princípio, como resistência, mas ao longo de sua produção define o conceito de transferência como o aspecto central sobre o qual é possível desenvolver o trabalho analítico. Para Freud, a transferência, cujo conteúdo é sempre sexual, não é peculiar a um ou outro tratamento, mas à própria neurose; o sentimento transferencial encontra-se pronto, por antecipação, só aguardando a oportunidade de se dirigir à figura do médico, a qual, por sua vez, ocupa na transferência o lugar de algum personagem importante na história do paciente. Segundo Freud, em *A dinâmica da transferência* (1912/1980), a junção da disposição inata com os acidentes da história individual faz com que o sujeito adquira uma forma específica de se conduzir na vida erótica. Ele adquire aquilo que o autor denomina clichê estereotípico, o qual é constantemente repetido no decorrer de sua vida, sem que exista consciência dessa reedição de padrões de relacionamento.

A partir da visão da importância da figura do analista para o tratamento, Freud nunca perde o referencial da transferência na direção de suas descobertas teóricas. A insistência do amor de transferência pode ser considerada propulsora da técnica analítica.

Aprofundando suas pesquisas em torno do funcionamento dos conteúdos recalcados, em *Recordar, repetir e elaborar* (1914/1980), Freud nos diz que aquilo que o paciente resiste em recordar é expresso pela atuação. Durante o tratamento, o paciente não pode se livrar disso que o autor denomina compulsão à repetição. Mas qual a relação dessa compulsão à repetição com a transferência e com a resistência? Freud declara: "Logo percebemos que a transferência é, ela própria, apenas um fragmento da repetição e que a repetição é uma transferência do passado esquecido, não apenas para a figura do médico, mas também para todos os outros aspectos da situação atual" (1914/1980, p. 197).

Klein, em seu texto dedicado ao tema em *As origens da transferência* (1952/1991), apresenta ideias que já são expostas ao longo de sua obra clínica-teórica desde a década de 1920. Klein pensa que a transferência é uma relação centrada nos objetos internos. A transferência à aplicação a um novo objeto, situação presente ou analista, do modelo estabelecido com objetos introjetados.

Publicações contemporâneas discutem a transferência em termos clínicos que enfocam o manejo desta não como um retorno a um passado traumático e obscurecido pela memória, mas como uma atualização permanente no aqui e agora da vida (e da sessão). Repetiria-se, na transferência, aquilo que não pôde ser passado (Ungar, 2008), os elementos ligados à história particular que não puderam ser simbolizados retornam em busca de enlace simbólico adequado (Minerbo, 2013).

Etchegoyen, ao descrever um panorama do desenvolvimento do conceito, passando por Freud, Klein, Anna Freud e Bion, finaliza o capítulo "Transferência e repetição" (1987) com a ideia de Meltzer a respeito, que diz que a transferência pode ser entendida como uma atualização do mundo interno presente, e não como repetição do passado; dessa forma, a transferência seria o carimbo que a realidade psíquica imprime na realidade externa. Etchegoyen encerra o capítulo com sua definição de psicanálise, sendo esta o método que reconhece o passado no presente e procura discriminá-lo a partir da interpretação.

Transferência na sala de análise

Cena 1

No horário marcado, paciente aguarda na sala de espera (se há uma).

Analista abre a porta e chama o paciente. Paciente entra na sala de atendimento, cumprimenta o analista de alguma maneira e deita-se no divã.

O início e o fim da sessão têm horários marcados. A sala é, na medida do possível, silenciosa e privada, o paciente conta com o sigilo e a privacidade desse encontro. O paciente pode contar com a atenção e a escuta do analista. O paciente paga as sessões pessoalmente.

A sala de análise estabelecida por Freud e mantida ao longo de décadas por analistas posteriores tem como função ser um espaço e um tempo no qual a dupla analítica se encontra. Esse *setting* inclui um horário pré-determinado, um lugar estabelecido e preparado pelo analista. Esse conjunto de contornos espaço-temporais coloca-se como palco de apresentação de toda a transferência. A pessoa do analista será passível de receber transferência, o consultório, como extensão da pessoa do analista, também será.

Nossos pacientes podem ser mais ou menos responsivos ao ambiente, reparando e comunicando suas percepções sobre a decoração, o cheiro, a temperatura da sala ou nossa roupa, cabelo ou maquiagem.

Uma paciente com diagnóstico de Asperger, isto é, com núcleos autistas importantes, sentia-se intensamente tocada pela cor da parede ou da roupa que eu vestia. "Você está verde", disse ela certa vez, ao entrar na sala de atendimento, teceu considerações sobre quais eram os instrumentos musicais que haviam no verde (naquele verde em especial). Essa paciente havia estudado música e tinha uma maneira de perceber as cores musicalmente, por exemplo, o verde da parede da sala, um verde aberto, com amarelo, um pouco "chamativo", era como uma música de axé, com cornetas e tambores. Esse tipo de referência que ela fazia à sala (a mim) configurava-se como material importante para compreender em qual medida sentia-se interpelada de maneira agressiva por pessoas, vozes, barulhos (e cores).

Um menino de 9 anos, ao vir pela primeira vez no consultório novo, após uma mudança de endereço, disse que o perfumador de ambiente da sala de espera parecia "cheiro de banheiro". É desnecessário dizer em qual medida ele estava descontente com a mudança.

Esses são alguns exemplos clínicos para pensar a maneira pela qual o ambiente físico, como extensão da pessoa do analista, é usado de maneira a servir como receptáculo de modelos de relações estabelecidas com objetos internos historicamente introjetados, para usar a linguagem de Klein.

Transferência na análise online

Cena 2

No horário marcado, paciente e analista checam a conexão para ver se a internet está funcionando. Paciente e analista colocam-se "online" no Skype. Analista "chama" paciente no Skype, paciente atende, ambos se veem pela tela do computador.

O início e o fim da sessão têm horários marcados. Indica-se que o lugar onde ambos estejam seja, na medida do possível, silencioso e privado. O paciente pode contar com a atenção e a escuta do analista. O pagamento das sessões é feito via transferência bancária.

A pergunta é: como a transferência é modificada por esse *setting* que se configura como um horário compartilhado para o encontro, mas não um lugar? Se há um lugar de encontro, este é virtual, e não físico, e mesmo pensando em um "espaço virtual", não é bem essa configuração existente na comunicação via Skype, já que, diferente de "espaços virtuais" de encontro, tais como estão previstas a plataforma do Facebook e de jogos de *videogame*, que podem contar, inclusive, com um cenário, a comunicação via Skype é um encontro temporal que se passa em um não lugar, já que o paciente está em algum lugar concreto e o analista está em outro lugar concreto.

Caberiam aqui os relatos de experiências clínicas daqueles que estão envolvidos em análises nesse formato. Da minha experiência clínica nesse *setting*, posso testemunhar o curioso fato de que meus pacientes, que antes atendi no consultório tradicional e, por questões de necessidade, passaram a ser atendidos via Skype, apresentam os mesmos movimentos de comunicação em um e no outro *setting*.

Explico-me. Um paciente que iniciava sua sessão costumeiramente dizendo que não sabia o que dizer assim permaneceu quando passamos para as sessões por Skype. O mesmo paciente tinha um movimento lento e cuidadoso na aproximação comigo e, portanto, demorava para começar a tocar em questões significativas, e no final da sessão era comum que falasse algo relevante, mas que, pelo horário, não tínhamos tempo para explorar naquele momento. Esses movimentos de comunicação na sessão, no início desconfiado e cuidadoso e no fim revelador, ao mesmo tempo que protegido, permaneceram constantes no *setting* tradicional e no online.

A literatura sobre as análises online indica que a análise seja iniciada com alguns, ou muitos, encontros presenciais no começo do contato, para que depois as sessões passem a ser online (Sabbadini, 2014; Scharff, 2014). Para mim, essa ideia faz sentido, na medida em que estamos conhecendo agora esse novo formato de *setting* e, dessa maneira, se temos o contato no consultório antes, podemos ter um parâmetro interessante para observar o que acontece na passagem de um *setting* ao outro.

Incluo aqui a minha posição de não ver como uma opção viável atender crianças online. A análise de crianças exige elementos concretos pelos quais a linguagem infantil possa se expressar: brinquedos, material gráfico, sala, disposição de móveis no ambiente. A criança expressa muito de sua constelação emocional pela maneira como se movimenta e interage com o ambiente, o banheiro, os pais na sala de espera, o corpo do analista. É verdade que a criança no adulto (expressão de Minerbo, 2013) pode se expressar de maneira equivalente no que se refere às observações e comunicações a respeito do ambiente (e do analista); no entanto, talvez com pacientes adultos esses aspectos possam também vir a aparecer na fala, de maneira mais simbolizada, em relatos de situações da vida, por exemplo. Para as crianças, o acesso ao recurso da narrativa é ainda escasso e, portanto, não creio que a situação de não compartilhar o espaço físico seja uma opção viável nesse tipo de atendimento.

Por outro lado, as crianças pequenas e as que estão para nascer a partir de agora têm um contato mais íntimo e natural com a tecnologia. É comum crianças passarem longos períodos da análise relatando jogos de *videogame* ou trazerem para as sessões algum dispositivo eletrônico, seja para incluir o analista em seu jogo, seja para excluí-lo (no caso de passarem sessões jogando e ignorando a presença do analista).

Por isso, acredito que minha posição sobre a impossibilidade de atendimento de crianças via dispositivos eletrônicos esteja embasada na minha experiência clínica até agora, mas talvez essa posição ignore o que está por vir. Veremos.

Nativos e imigrantes digitais

Gostaria de incluir uma ideia que acredito ser fundamental para a reflexão do tema em questão. Prensky (2001), escritor e estudioso de educação norte-americano, diferencia os jovens que nasceram na era digital daqueles que nasceram antes dela. Aos primeiros, dá o nome de nativos digitais, e os últimos denomina imigrantes digitais. Segundo o autor, os nativos digitais têm a linguagem digital como língua materna, e por isso entre eles e essa linguagem (assim como os dispositivos que a caracterizam) não há estranhamento. Por outro lado, os imigrantes digitais, por mais que se esforcem para compreender a nova linguagem, sempre guardarão algo de seu "sotaque original".

Prensky faz uma aproximação entre a linguagem/cultura digitais e a imigração cultural. Aqueles que imigraram podem tentar se adaptar à nova cultura, à nova língua, mas serão sempre estrangeiros em relação a estas; já seus filhos, não: nascerão imersos na nova cultura e a terão como cultura materna.

Acredito que essa diferenciação, a princípio simples, nos auxilia a nos atentar para questões relevantes a respeito do lugar da psicanálise na era da tecnologia e das modificações no *setting* analítico.

Se a transferência se dá como uma "assombração" (Minerbo, 2013) das situações do aqui e agora por modelos de relações de objetos anteriores, a relação que paciente e analista estabelecerão com o dispositivo eletrônico que intermedeia a comunicação e o contato nas sessões online será completamente distinta a depender se os sujeitos envolvidos são imigrantes ou nativos digitais.

Imaginemos um adolescente de 15 anos que tenha nascido no ano 2000. Provavelmente esse adolescente participa de algumas redes sociais, comunica-se com os amigos e a família via mensagens de texto, talvez use um tablet na escola em vez de cadernos, joga *videogame* e sabe melhor que seus pais manejar os dispositivos eletrônicos que tem em casa (computador, TV 3D, iPad, iPod, celular, *videogames* etc.). Para esse adolescente, os dispositivos tecnológicos não representam, do ponto de vista subjetivo, signos e símbolos estrangeiros. São, pelo contrário, instrumentos com os quais ele tem contato natural, tal qual temos com nossa língua materna.

Imaginemos, agora, uma pessoa que tenha entre 60 e 70 anos, nascida em meados da década de 1950. Essa pessoa precisou, mais ou menos aos 50 anos, aprender a usar uma série de dispositivos eletrônicos que incluem uma lógica e uma linguagem próprias. Para esse imigrante digital, os dispositivos eletrônicos são inevitavelmente "assombrados" por significados subjetivos de estranhamento, na melhor das hipóteses, de estrangeiro, de novo.

A transferência que o adolescente fará em relação a um dispositivo eletrônico, que serve para falar com seus amigos, jogar *videogame*, fazer compras e, talvez, intermediar o contato analítico, será diferente daquela que fará a pessoa nascida em meados do século XX. O primeiro tem a tecnologia subjetivamente significada, assim como os costumes, a língua e a cultura maternas; o segundo percebe a tecnologia como aspectos de um país estrangeiro. Essa diferença não pode ser minimizada, pois não se refere apenas a saber mais ou menos navegar em sites ou a "mexer" em controles remotos; refere-se a um modo de pensar e fazer contato com o mundo e com o outro de maneira distinta.

Tecnologia, medo e delírio

Recordo-me aqui de uma paciente que chegou ao consultório com 13 anos. Ao longo de mais de dois anos de análise, eu perguntava constantemente a ela e a mim mesma o que significava quando ela me dizia "eu encontrei tal pessoa", "eu conversei com fulano a tarde inteira", "a gente não se encontra há mais de um mês", "ele me chamou pra conversar", "aí a gente se viu lá, mas ele não falou nada". Os termos "encontrar", "conversar", "chamar" e até "ver" raramente referiam-se a ela estar fisicamente presente em algum lugar, encontrando e falando com outras pessoas. Geralmente, esses encontros, conversas e "olhares" referiam-se a situações vividas na comunicação virtual em chats de conversa, no Facebook, no Twitter etc.

Eu me sentia confusa e tentava diferenciar, na comunicação dela, entre o que tinha sido um encontro no shopping com amigos e o que tinha sido uma conversa via algum dispositivo eletrônico, mas o que me chamava a atenção é que, ao meu ver, no registro subjetivo e emocional da minha paciente, isso não fazia diferença. Ao menos não tinha a diferença que a princípio esperamos encontrar, a de que as conversas e encontros físicos fossem mais significativos que os virtuais. Quando ela me dizia "eu não encontro ele há mais de um mês", significava que ela não via a pessoa "online" há mais de um mês.

Florence Guinard, em seu texto *O desenvolvimento psíquico no mundo virtual* (2014), alega, entre outras previsões não menos obscuras, que a confusão entre a realidade real e a virtual é uma característica do funcionamento borderline. Essa estrutura mental, com sua orquestração própria de defesas psicóticas, seria um tipo de funcionamento mental em consonância com os princípios binários da realidade virtual. Ainda seguindo o pensamento de Guinard, a lógica binária da realidade virtual, na qual não há incertezas, seria um campo atrativo para que o trabalho mental de formação de símbolos não fosse completado.

Muitos caminhos teóricos são possíveis, mas é a prática clínica que nos autoriza a fazer alguma hipótese teórico-clínica válida. Essa paciente à qual me referi não era borderline, e se eu interpretasse sua indiferenciação entre realidade concreta e virtual dessa maneira, não a estaria entendendo, estaria distante da realidade psíquica da minha paciente e talvez mais perto de um lugar mais confortável do meu entendimento.

Se eu for capaz de tentar me aproximar do que significavam para a minha paciente os encontros e as conversas físicas e virtuais, diria que para ela, nativa digital, o espaço virtual era tão real quanto o outro concreto (do shopping ou da sessão), com a diferença de que o contato virtual era mais fácil, poderíamos dizer, menos traumático.

É nesse sentido que compreendo a facilidade e a suavidade maiores que minha paciente adolescente encontrava nas comunicações virtuais em relação às presenciais, concretas.

Observações finais

O uso da tecnologia da informação no âmbito da psicanálise é positivo no sentido de possibilitar aproximações e contatos que não seriam possíveis de outra maneira. A tecnologia da informação abole distâncias geográficas, proporcionando trocas entre analistas em formação de diferentes países, deixa acessível uma grande gama de literatura da área, além de criar espaços de troca como grupos de estudo, discussões de casos e supervisões entre pessoas de cidades e países diferentes. O aumento do sentido de pertencimento a um grupo maior, de diminuição de isolamento do trabalho íntimo do consultório é inegável.

Em relação ao *setting* das sessões online, talvez possamos arriscar uma ideia que me parece razoável de generalizações. Os nativos digitais não sentem o estranhamento que nós, imigrantes, sentimos em relação à comunicação via algum dispositivo eletrônico.

Por ora, podemos considerar nossa posição privilegiada de estar entre mundos, entre culturas, tendo a chance de, em uma relação especial com nosso tempo, sermos verdadeiramente contemporâneos por estarmos, ao mesmo tempo, aqui e olhando para o aqui de outro lugar.

Referências

Agamben, G. (2009). *O que é o contemporâneo? E outros ensaios.* (V. N. Honesko, Trad.). Argos.

Barbosa, M. K. (2014). Resenha: Psychoanalisys in the technoculture era. *Revista Trieb, 13*(2), pp. 263-277.

Bonamino, V. (2014). "A perfect world" and its imperfections: psychoanalytic clinical notes on adolescence and virtual reality. In A. Lemma, & L. Caparrotta (Eds.), *Psychoanalysis in the Technoculture Era* (pp. 97-113). Routledge.

Breuer, J.; Freud, S (1895). Sobre la psicoterapia de la histeria. Estudos sobre a Histeria. *Edição Standard Brasileira das Obras Psicológicas Completas de Sigmund Freud*, (v. 2, p. 309-367).

Etchegoyen, R. H. (1987). Transferência e repetição. In R. H. Etchegoyen, *Fundamentos da técnica psicanalítica* (pp. 69-77). Artes Médicas.

Freud, S. (1980). A dinâmica da transferência. (J. O. A. Abreu, Trad.). In J. Salomão (Org.), *Edição Standard Brasileira de Obras Completas de Sigmund Freud* (v. XII, pp. 131-143). Imago. (Trabalho original publicado em 1912).

Freud, S. (1980). Recordar, repetir e elaborar. (J. O. A. Abreu, Trad.). In J. Salomão (Org.), *Edição Standard Brasileira de Obras Completas de Sigmund Freud* (v. XII, pp. 191-203). Imago. (Trabalho original publicado em 1914).

Gabbard, G. (2014). Cyberpassion: E-rotic transference and the internet. In A. Lemma, & L. Caparrotta (Eds.), *Psychoanalysis in the Technoculture Era* (pp. 33-47). Routledge.

Giovanetti, M. F. (2011). Sobre migrações e transferências. *Revista Brasileira de Psicanálise, 45*(2), pp. 95-104.

Guinard, F. (2014). Psychic development in a virtual world. In A. Lemma, & L. Caparrotta (Eds.), *Psychoanalysis in the Technoculture Era* (pp. 62-74). Routledge.

Klein, M. (1991). As origens da transferência. In M. Klein, *Inveja e gratidão e outros trabalhos (1946-1963)* (pp. 70-79). Imago. (Trabalho originalmente publicado em 1952).

Lemma. A. (2014). An order of pure decision: growing up in a virtual world and the adolescent's experience of the body. In A. Lemma, & L. Caparrotta (Eds.), *Psychoanalysis in the Technoculture Era* (pp. 75-96). Routledge.

Lemma, A., & Caparrotta, L. (Eds.). (2014). *Psychoanalysis in the Technoculture Era*. Routledge.

Melzer, D., & Williamns, M. H. (1994). *A apreensão do belo: o papel do conflito estético no desenvolvimento na violência e na arte*. (P. C. Sandler, Trad.). Imago.

Minerbo, M. (2013) Transferência: diálogo com um jovem colega. *Jornal de Psicanálise*, *46*(85), pp. 167-182.

Prensky, M. (2001). Digital Natives, Digital Immigrants. *On the Horizon*, *9*(5), pp. 1-7.

Sabbadini, A. (2014). New Technologies and the psychoanalytic setting. In A. Lemma, & L. Caparrotta (Eds.), *Psychoanalysis in the Technoculture Era* (pp. 23-32). Routledge.

Scharff, J. S. (2014). Clinical in analyses over the telephone and the internet. In A. Lemma, & L. Caparrotta (Eds.), *Psychoanalysis in the Technoculture Era* (pp. 47-61). Routledge.

Ungar, V. (2008). A transferência em sua perspectiva clínica. *Jornal de Psicanálise*, *41*(75), pp. 243-258.

Wood, H. (2014). Internet offenders from a sense of guilt. In A. Lemma, & L. Caparrotta (Eds.), *Psychoanalysis in the Technoculture Era* (pp.114-128). Routledge.

Žižek, S. (2003). *Bem-vindo ao deserto do real!* (P. C. Castanheira, Trad.). Boitempo.

3. Mundo externo, mundo virtual, mundo interno: deslizamentos

Tecnologia e subjetividade: questões

Uma grande questão guarda-chuva que se coloca a respeito da interface sujeito e tecnologia é: "A explosão da tecnologia da informação, nos últimos 25 anos, mudou a condição humana de maneira diferente da de épocas anteriores? Se sim, como essas mudanças fazem interface com o que é imutável na condição humana?" (Fonagy, 2014, p. XV, tradução nossa).[1]

---

[1] Peter Fonagy é um psicanalista britânico nascido na Hungria. É chefe do departamento de Clínica, Educação e Psicologia da Saúde da University College London, presidente-executivo do Centro Anna Freud e analista didata na British Psychoanalytical Society.

Psicanalistas e a tecnologia da informação

Utilizarei a perspectiva e o ferramental teórico psicanalítico para olhar para alguns fenômenos da interação entre o sujeito e a tecnologia. Para tanto, acredito ser fundamental localizar de que maneira as próprias instituições psicanalíticas estão se relacionando com as inovações tecnológicas. Pensemos a esse respeito a partir de algumas questões concretas, por exemplo, com as revistas científicas da área sendo publicadas online, as questões de sigilo do material dos pacientes se tornaram um ponto de atenção mais delicado, visto o acesso a tais publicações ter sido amplamente aumentado. O psicanalista marca ou remarca sessões com seus pacientes por meio de mensagens de texto (SMS, WhatsApp) ou por e-mail? O psicanalista aceita pacientes como amigos em seu Facebook? O que pensam a respeito de análise feita por Skype? A interface entre esse admirável mundo novo e uma instituição centenária é divertidamente exemplificada no início do livro *Psychoanalysis in the Technoculture Era,* editado por Lemma e Caparrotta (2014).

O Vaticano publicou, em 2011, uma nota a respeito de um aplicativo de celular que tinha como função facilitar a confissão dos fiéis, uma espécie de "confessionário virtual". O Vaticano repudiou o aplicativo, afirmando a necessidade de um padre para que a confissão fosse legítima, e finalizou dizendo que apesar de Deus estar em todo lugar, provavelmente não estaria no seu celular. Lemma e Caparrotta (2014) arrematam dizendo que uma significativa parcela de psicanalistas estaria inclinada a concordar com o sentimento contido na resposta da Igreja.

Lemma e Caparrotta (2014) sugerem que a comunicação tecnológica deve ser de grande interesse para os psicanalistas contemporâneos, na medida em que essas tecnologias têm o potencial de exercer importantes funções psíquicas, como estar-consigo-mesmo e estar-com-os-outros. Como psicanalistas, é nossa incumbência distinguir entre as propriedades da ferramenta e o uso que as pessoas fazem delas. Os autores prosseguem dizendo que é preciso saber mais sobre a maneira como as novas tecnologias interagem com as prerrogativas do mundo interno e de que forma elas podem alterar a estrutura psíquica de maneira fundamental, além das implicações para o funcionamento individual e da sociedade como um todo.

As novas tecnologias e o setting *psicanalítico*

Andrea Sabbadini (2014), em seu texto *New Technologies and the Psychoanalytic Setting* traz uma discussão a respeito da resistência dos psicanalistas às modificações do *setting* operadas pela comunicação virtual. Compara essa resistência à que aconteceu com a chegada das secretárias eletrônicas na década de 1970. A ideia era mais ou menos assim: como o paciente não se dispõe a vir até meu consultório falar pessoalmente o que tem para falar? O que atualmente ficaria assim: como o paciente escreve uma mensagem e não fala o que precisa falar usando sua própria voz? (No momento em que Sabbadini escreveu esse artigo, ainda não havia a ferramenta de voz no WhatsApp). O autor defende que aqueles que se opõem, por princípio, a toda revolução tecnológica, estão derrotando-se a si mesmos e serão deixados para trás.

Questões

O universo de aspectos psíquicos que podem ser observados na interface do sujeito com a tecnologia, sob a perspectiva psicanalítica, é amplo e diverso. Para fins de análise, neste capítulo, elegeremos alguns pontos, tendo em vista que essa é uma tentativa limitada e inicial e que necessita ter continuidade na literatura da área, assim como anseia por dialogar com outras vozes que pensam a cultura contemporânea por diferentes vieses.

Usei aqui o termo "admirável mundo novo", fazendo referência ao livro de Huxley publicado em 1932. A história que o escritor inglês criou em seu romance passa-se em um futuro hipotético no qual um Estado absoluto organiza e controla o nascimento, a educação e a vida íntima de seus cidadãos. Se Huxley imaginou a sociedade direcionando-se para um possível enrijecimento de controle centralizado em uma única organização, o nosso admirável mundo novo parece ter caminhado em outro sentido.

A direção que o cenário da tecnologia da informação parece apontar, em nosso futuro, tem regras que atendem mais às noções da pós-modernidade do que aquelas imaginadas por Huxley e suas preocupações ideológicas com o autoritarismo do Estado em detrimento da liberdade individual.

Se fizermos um exercício inicial de pensar quais são os marcos sob os quais a internet funciona, no que tange as características de sua linguagem e do acesso ao conteúdo disponível, podemos esboçar algumas reflexões, como: sites com conteúdo gerado pelo usuário (Wikipédia, Facebook, Instagram, LinkedIn, Twitter), rapidez, informações imediatas, registro do que é postado ou acessado, falta de controle (mesmo que alguns sites retirem conteúdos considerados inadequados, eles costumam continuar acessíveis em outros lugares na rede), conteúdos anarquicamente disponíveis, conteúdo acessível a qualquer um.

Poderíamos pensar que nosso admirável mundo novo está no caminho de abolir os direitos autorais (livros, músicas), a informação protegida de governos (WikiLeaks), e passa a estabelecer regras do jogo diferentes das que estavam em voga até o momento.

Exemplos de uma nova lógica para a qual as leis nacionais e municipais não estão preparadas são os casos de novos modelos de negócios, como Airbnb e Uber. O primeiro modifica radicalmente as regras de hotelaria e turismo, e o segundo, as leis que regulamentam os táxis nos principais centros urbanos do mundo.

Atualmente navegamos no transcorrer de afazeres profissionais e relações sociais absolutamente imersos e interceptados pela tecnologia da informação. Comunicamo-nos com amigos e familiares por dispositivos eletrônicos e nos adaptamos rapidamente às atualizações tecnológicas: SMS, WhatsApp por mensagem escrita, WhatsApp por mensagem de voz... Utilizamos a tecnologia para comprar produtos, para buscar informação e para trabalhar. Estamos constantemente imersos no mar da internet, navegamos por um oceano de informações, produtos e serviços que seguem as caraterísticas citadas anteriormente, a rapidez, a infinitude de conteúdos, a democracia (ou anarquia) de publicações. Como estamos sendo afetados e de que forma estamos lidando, do ponto de vista subjetivo, com esse cenário?

Falaremos sobre o fato de as pessoas viverem constantemente conectadas, via dispositivos eletrônicos, e as consequências subjetivas desse cenário, no que concerne aos sentimentos de solidão e desamparo. Discutiremos, a seguir, o *status* de verdade *versus* falsidade e de verdade *versus* artificialidade na maneira de compreender e viver a dicotomia realidade e virtualidade. E abordaremos, por fim, a situação de adolescentes estarem largamente compartilhando fotos sensuais na rede e os desdobramentos desse fenômeno.

Um aspecto interessante da internet é que ela apela para nosso mundo interno de forma direta e quase sem intermediários. A pergunta que o Facebook nos faz é: "No que você está pensando?".

Por sua própria configuração, a realidade virtual dialoga com o nosso mundo interno, acenando com a possibilidade de um "lugar" de trocas onde há uma liberdade quase total, uma espécie de anonimato, um jogo de sujeitos desencarnados.

Configurando-se a internet como esse "lugar" que parece fazer limite entre mundo interno e externo, torna-se um ambiente privilegiado, um palco onde dramas internos podem ser atuados, em enredos os mais variados.

Conexão versus *solidão*

Uma questão importante que se sobressai na situação de estar 24 horas conectado é a sensação de estar sempre acompanhado por olhos e ouvidos. Dessa maneira, a tecnologia parece providenciar uma impressão de escuta permanente. No entanto, esse acompanhamento virtual constante cria algumas ideias que merecem ser discutidas com atenção.

Desde que os smartphones passaram a fazer parte da rotina da parte significativa dos sujeitos contemporâneos, é factível pensar que a percepção de solidão ou silêncio pode ter sofrido transformações drásticas, na medida em que cada um de nós pode vir a ter uma experiência de que, dadas as condições tecnológicas necessárias (celular carregado e internet funcionando), nunca estaremos sozinhos, sempre rodeados por vozes, histórias, comentários, notícias, pessoas a uma mensagem de distância.

É evidente pensar em como essa condição de conexão pode proteger da experiência de solidão e do desamparo, no entanto, na medida em que estar sempre conectado, permanentemente em contato, publicando fotos e notícias de si e recebendo fotos e notícias de outros no tempo próprio dos *feeds* das redes sociais, isso é, ininterrupta e infinitamente, pode-se derivar dessa condição uma vivência de que ficar sem internet, ou sem a mensagem de resposta, sem o like, sem o comentário seria o equivalente a cair num buraco dessa rede e experimentar um estado de ameaça ao próprio eu, de perigo na percepção de identidade do sujeito (Turkle, 2012).

Fotos vazadas na rede: confusão de línguas

Notícia publicada no dia 27 de maio de 2015 no Portal R7: "Meninas abandonam estudos e tentam suicídio após entrar para lista das 'mais vadias'". A reportagem relata a seguinte situação: uma lista é feita na internet e enviada por WhatsApp e Facebook; ela contém nomes e fotos de meninas consideradas as mais vadias daquele bairro. Essa lista é compartilhada e rapidamente se espalha pela comunidade virtual e pela real onde essas garotas vivem, estudam, passeiam, namoram. As listas virtuais saem do ambiente virtual em forma de cartazes colados nas escolas e em pichações em muros. Há notícias de garotas que se suicidaram após terem fotos sensuais ou vídeos sexuais vazados na rede.

Até pouco tempo atrás, a notícia de ter fotos e vídeos vazados na rede era privilégio de atrizes ou *socialites* famosas, mulheres que estavam na mídia e que, por vezes, se beneficiavam dessa exposição ou moviam processos e conseguiam retirar o material não autorizado de circulação. As garotas adolescentes brasileiras, sejam as das periferias de São Paulo (como as da notícia), sejam as do nosso consultório não são celebridades midiáticas, nem têm maneiras de se proteger da divulgação das fotos e das listas com seus nomes estampados nos muros virtuais e reais. Do online para o offline, as consequências podem ser trágicas.

Psicólogos, sociólogos, professores e pais parecem perdidos na tentativa de orientar garotos e garotas em meio a um cenário para o qual não foram preparados, tentando falar uma língua analógica para resolver problemas virtuais. A disseminação dos smartphones com câmeras fotográficas e a facilidade de compartilhamento de fotos e vídeos em redes sociais criou uma situação delicada para os adolescentes e para os adultos que lidam com eles. Discursos moralistas e machistas de que as meninas precisam "se dar ao respeito" ou orientações para não tirarem e enviarem fotos não chegam perto de tocar o problema.

Existe um projeto de lei do Senado, n. 63, de 2015, que torna crime a divulgação indevida de material íntimo; esse projeto de lei é do deputado federal Romário e está aguardando parecer na Comissão de Seguridade Social e Família (CSSF).

Pensemos nessa situação a partir de nossas ferramentas teóricas. Para tanto, vamos nos aproximar do problema a partir de um relato clínico. Ana (nome fictício) é uma garota de 14 anos que vem sendo atendida em análise há alguns anos. É uma adolescente que tem uma história de vida familiar sofrida e, por isso, foi trazida para atendimento. No entanto, no momento, é uma garota que traz para as sessões relatos e situações comuns de sua fase de vida: conflitos com os pais por querer sair e eles não deixarem, brigas com amigas, interesse por meninos, encontros e desencontros amorosos. Ana diz: "Todas as meninas que enviaram fotos para algum menino, eles compartilharam com todo mundo. Todo mundo vê", "Eles mandam foto deles e pedem pra gente mandar".

Ana tem milhares de amigos no Facebook, posta fotos que recebem centenas de curtidas, e esses números são importantes no seu cenário relacional e em sua economia psíquica; os números de amigos e curtidas alimentam seu frágil aporte narcísico.

A analista conversa com Ana sobre o poder sedutor que a internet tem; como um canto de sereia, lindo e perigoso, as curtidas das fotos aumentam se as roupas diminuem. A analista diz: "Deve ser tentador mostrar como se é bonita para tanta gente".

Não há nada de novo no fato de adolescentes, inseguros em seus rearranjos identitários, buscarem confirmações narcísicas em seus pares. O adolescente encara angústias e ansiedades específicas devido às várias tarefas emocionais que estão em jogo nessa fase da vida.

Se localizarmos nosso olhar exclusivamente nessa perspectiva metapsicológica, podemos considerar que o adolescente que tira fotos, que as envia ou compartilha pode estar tanto brincando quanto pode estar atuando. Lembremos que brincar, do ponto de vista psicanalítico, encerra o trabalho de elaboração de fantasias eróticas e o resgate de aspectos cindidos do *self*. O brincar tende a integrar e interage com algum companheiro de brincadeiras. A atuação se dá na medida em que um sujeito regredido toma um objeto, na transferência, como prolongamento do *self*, com o objetivo de evacuar angústias narcísicas ou de colocar em cena a sexualidade infantil polimorfa-perversa. Essas considerações foram feitas por Minerbo (2013) ao tratar de sexo virtual, mas acredito ser possível utilizá-las para pensar a nossa questão também.

Até aqui, nada de novo, para brincar ou atuar as pessoas podem estar em diversos cenários. Mas há, sim, algo de novo acontecendo na relação entre adolescentes (e todas as outras faixas etárias) e a internet, pelo caráter híbrido próprio que o mundo virtual possibilita.

Situa-se a internet em um tempo-espaço próprio, praticamente sem limites e sem controles, num faz-se-de-tudo que pressupõe riscos para os usuários. "Por isso, a hipótese de que a internet induz à passagem ao ato por mobilizar transferência e fantasias primitivas – envolvendo a sexualidade infantil perverso-polimorfa e aspectos narcísicos onipotentes – merece ser cuidadosamente considerada" (Minerbo, 2013, p. 453).

Quando um adolescente "conversa" com alguém pelo chat do Facebook ou pelo WhatsApp, tira uma foto e a envia, não fica claro "quem ele é, onde está, e falando com quem" (Minerbo, 2013, p. 457). Diferentemente das regras do mundo offline, nas quais tirar fotos com nudez ou filmar vídeos sexuais é comum a mulheres que são capas da *Playboy* e a atores pornôs, o ambiente online acena com um caráter ambíguo, "no qual não se sabe quem se é, onde se está e com que se está falando" (Minerbo, 2013, p. 461). Tomemos, então, esse fenômeno de compartilhamento de fotos íntimas como algo que se localiza entre o plano clínico e o social, no qual essas dimensões se interpelam.

Nessa perspectiva, diferentemente do que acena o discurso moralista e anacrônico de psicólogos e professores que tentam enunciar os sentidos desse novo fenômeno, os adolescentes não estão tendo um comportamento imoral e impulsivo por conta da falta de educação sexual ou por uma falência simbólica que não dá conta de conter impulsos – pelo menos, não só por isso. Os adolescentes estão respondendo desse lugar novo, que funciona com características próprias diferentes e que, ao que tudo indica, ninguém sabe bem do que se trata.

O choque ocorre quando esse novo fenômeno se encontra com uma sociedade machista, que, anacronicamente, ainda age como se a sexualidade feminina fosse vergonhosa e absurda. Lembremos que os meninos também tiram e enviam fotos íntimas de si, mas que seus dotes são considerados troféus pelos quais devem se orgulhar. Mundos e linguagens diferentes colidem, as dimensões online e offline não parecem caber uma na outra.

Finalizando

Podemos finalizar nossas reflexões com um apanhado geral do que tratamos até o momento, sem deixar de lembrar o caráter superficial e inicial dessas análises. Se partirmos da questão guarda-chuva de Fonagy, trazida no início do capítulo, a respeito de se a tecnologia da informação modificou mais a condição humana do que em épocas precedentes, acredito que não seria leviano afirmar que a internet inaugurou uma nova gramática relacional.

A gramática da comunicação atual é diferente, imediata, perde o valor com rapidez, as informações são registradas, acessíveis a qualquer pessoa e seu controle é quase impossível. O caráter rizomático da internet inaugura um admirável mundo novo diferente daquele imaginado por Huxley. Tomemos o cuidado aqui de apontar que não é a proposta do presente capítulo discutir modelos de governo ou de Estado, mas, antes, salientar as características pouco centralizadas e hierárquicas do mundo virtual. Na internet, o acesso é praticamente livre a qualquer um que busque por conteúdo, seja este de notícias, pornografia ou informações de Estado antes protegidas (como no caso do WikiLeaks); os sites com conteúdo gerado pelo usuário compõem um mundo virtual no qual o compartilhamento de informação (fotos, vídeos, notícias etc.) torna o cenário constantemente mutável, permanentemente atualizado e sem autoria individual.

O mundo virtual parece ter características difusas e ambíguas no que se refere a, por vezes, parecer funcionar sob os princípios do mundo interno: do sonho, da fantasia, do pensamento, do anonimato e, por vezes, do mundo externo: das leis, da vigilância coletiva, das regras compartilhadas socialmente, da identidade individual. Tal constelação de características legitima as comunicações virtuais serem vividas como companhias reais e pode fazer as pessoas sentirem-se desamparas e sós se não estiverem conectadas.

A respeito dos adolescentes que estão enviando, recebendo e compartilhando fotos íntimas na rede, não me parece ser um fenômeno que testemunha a falência simbólica de uma geração conectada pela comunicação virtual; esta seria uma interpretação que considera que as próprias características da pós-modernidade e do mundo virtual serviriam para dificultar ou falir o desenvolvimento de um sistema simbólico pessoal (Guinard, 2014). Esse fenômeno mais parece representar de maneira ilustrativa (e, infelizmente, por vezes trágica) uma certa gramática ambígua e confusa de deslizamentos de muros entre duas gramáticas diferentes.

O mundo online proporciona e legitima o ato de tirar e mandar fotos íntimas, numa lógica na qual os atores envolvidos pouco importam, seja numa dimensão narcísica de exibicionismo, seja numa dimensão de brincadeira, na qual os participantes são intercambiáveis. Já no mundo offline, não. As fotos representam pessoas que têm nomes, família e endereço.

Retomando a posição de Lemma e Caparrotta (2014), é função do psicanalista interessar-se pelas comunicações tecnológicas, de preferência com uma posição de hospitalidade para o novo. Quem sabe possamos aproveitar-nos de nossa posição de estrangeiro da linguagem digital para desenvolver um olhar verdadeiramente contemporâneo para nosso tempo.

Referências

Albuquerque, S. (2015). *Meninas abandonam estudos e tentam suicídio após entrar para lista das "mais vadias"*. Disponível em: https://noticias.r7.com/sao-paulo/meninas-abandonam-estudos-e-tentam-suicidio-apos-entrar-para-lista-das-mais-vadias-27052015. Acessado em 13/09/2023.

Mattos, L. (2013). *Projetos de lei querem tornar crime pornografia de vingança.* https://www.otempo.com.br/projetos-de-lei-querem-tornar-crime-pornografia-de-vinganca-1.751935. Acessado em 13/09/2023.

Fonagy, P. (2014). Foreword. In A. Lemma, & L. Caparrotta (Eds.), *Psychoanalysis in the Technoculture Era* (pp. XV-XXI). Routledge.

Guinard, F. (2014). Psychic development in a virtual world. In A. Lemma, & L. Caparrotta (Eds.), *Psychoanalysis in the Technoculture Era* (pp. 62-74). Routledge.

Lemma, A., & Caparrotta, L. (2014). Introduction. In A. Lemma, & L. Caparrotta (Eds.), *Psychoanalysis in the Technoculture Era* (pp. 1-22). Routledge.

Minerbo, M. (2013). Sexo Virtual. In M. Minerbo, *Neurose e não neurose* (Col. Clínica Psicanalítica, pp. 443-465). Casa do psicólogo.

Sabbadini, A. (2014). New Technologies and the psychoanalytic setting. In A. Lemma, & L. Caparrotta (Eds.), *Psychoanalysis in the Technoculture Era* (pp. 23-32). Routledge.

Turkle, S. (2012). *Connected, but alone?* Disponível em: http://www.youtube.com/watch?v=t7Xr3AsBEK4. Acesso em: 10/09/2012

Žižek, S. (2003). *Bem-vindo ao deserto do real!* (P. C. Castanheira, Trad.). Boitempo.

4. A nova e coletiva mídia pornográfica

Por qual motivação? Narcísica
(Freud) ou tantas outras...

Por qual meio? Tecnologia disponível

Sob qual signo? O do espetáculo

Pornografia pública? Não. Confusão do espaço virtual.

(Marielle Kellermann)

Muito se transformou em nossa forma de comunicação com a evolução da tecnologia da informação. Hoje conversamos de novas maneiras, compramos, viajamos, e será que lidamos com questões da sexualidade de formas distintas? Quanto a tecnologia modificou o âmbito, antes secreto e íntimo, das fantasias e vivências sexuais? De que forma a tecnologia da informação e o uso disseminado de smartphones transformaram a forma com que as pessoas consomem – e produzem – pornografia? A pornografia deixou de ser secreta e íntima e passou para o âmbito público do espaço virtual?

Para nos debruçarmos sobre essas questões, parece-me razoável compreendermos que estamos localizados em uma encruzilhada de questões e saberes distintos: sexualidade humana e suas interpretações, tecnologia e cultura.

Como psicanalista e atendendo pacientes crianças e adolescentes, é recorrente que os pais me perguntem: por que as pessoas passaram a enviar nudes? Como, de repente, a exposição do corpo erótico e até mesmo de relações sexuais filmadas/fotografadas passaram de um âmbito íntimo para o público?

Pensemos a respeito com ajuda dos grandes.

Freud e nosso narcisismo de cada dia

Freud diz que toda criança passa por uma fase que ele denomina narcisismo primário (Freud, 1914-16) um estado no qual toda a energia psíquica (chamada por ele de libido) está direcionada para o próprio corpo, investida nele. Imaginemos o bebezinho descobrindo as mãos e os pés, o sabor do leite, os prazeres e as dores da barriga cheia, da digestão, da fome, do sono etc.

Seguimos a psicanálise pelo caminhar saudável do desenvolvimento do sujeito; Freud nos diz que há um segundo momento, chamado narcisismo secundário, que seria o momento em que o corpo (e a mente) do bebê é investido de atenção, energia, cuidado e afeto pelos adultos que dele se ocupam; a mãe, então, amamenta e dá banho, acaricia e ama seu bebê. Segundo Freud, é desse momento que todos nós retiramos o que pode também ser chamado de "autoestima", na linguagem comum, uma percepção interior e singular de nossos próprios valor e beleza, de nossa importância no mundo e do afeto que nos é dispensado pelos outros (Freud, 1914-1916/2010).

Portanto, segundo Freud, se tudo corre bem no desenvolvimento da criança, e correr bem significa ser bem cuidada e amada, crescemos com um sentido individual de que somos bonitos e merecemos ser admirados e amados. Freud usa a expressão "Sua Majestade: o bebê" para essa fase na qual os bebês ou crianças pequenas se sentem os pequenos reis do mundo, a quem todos devem elogios, beijos e atenção.

Podemos, então, nos apressar em uma conclusão que pode parecer superficial, mas que será útil em nossa reflexão, de que todas as pessoas mais ou menos saudáveis tiveram uma experiência prévia de terem sido amadas e adoradas (há algo mais devocional do que uma mãe com seu bebê e vice-versa?) e que podem, então, desejar reencenar essa experiência prazerosa no curso de suas vidas futuras. É claro que em nossa vida adulta temos muitas maneiras de nos sentirmos queridos e apreciados por nossos pares, por um trabalho bem feito, por sermos generosos, competentes ou inteligentes; aqui entram, então, os modelos culturais de valor e apreço.

Vale ressaltar que, para a psicanálise, não há um comportamento que seja consequência absoluta de uma causa. As linhas de nosso inconsciente não são retas assim. Uma pessoa pode postar fotos ou vídeos para se sentir amada e desejada, outra pode ter o mesmíssimo comportamento pelo desejo inconsciente de ser punida, uma terceira pode fazê-lo para se vingar de alguém, uma quarta pode posar em frente à câmera em um momento autoerótico e enviar a um amigo como em uma brincadeira infantil. Assim, para cada um pode haver razões e motivações tão singulares quanto cada história de vida.

A cultura da imagem e a sociedade do espetáculo

Dizem os sociólogos, antropólogos e historiadores (Bauman, 2003; Zizek, 2015; Debord, 1991) que vivemos em um momento no qual a imagem é altamente valorizada. Façamos um passeio para imaginar sociedades em épocas anteriores à nossa, nas quais valores pessoais e sentidos identitários estavam ancorados em instituições milenares, como a honra pela nação, a obediência a uma religião ou a consciência da imutabilidade de lugar social (considerando que os reis eram tidos como representantes de Deus e as pessoas comuns não imaginavam contestar essa verdade). Não que a nação, a religião e as questões de classe estejam fora do jogo, mas o indivíduo enquanto sujeito singular, capaz de conquistar o que quiser com sua força de vontade, é o modelo de sucesso, ao menos na cultura ocidental na atualidade.

O corpo é tido, hoje, como modelo de sucesso ou de fracasso social, e a tecnologia da informação vem desenhando um mundo no qual a imagem é o meio fundamental de comunicação. Como diz Lucien Sfez em *A saúde perfeita: crítica de uma nova utopia* (1996), o corpo passou a ser o fim em si mesmo, não mais um meio para iluminação – como era para os religiosos – ou para a guerra, mas um fim último. O corpo bonito, magro e saudável tornou-se representante de valores morais reconhecidos socialmente, como ponderação, disciplina, autocontrole, *status* social. O corpo doente, gordo ou viciado é sinal de caráter corrompido, de falta de controle, de não merecimento de confiança.

Façamos o exercício de imaginar um tempo (não muito distante, do ponto de vista histórico) no qual as mulheres e os homens não viam muitas outras mulheres e homens a não ser aqueles com quem conviviam pessoalmente. Como seria a noção de beleza física, as fantasias sexuais, quando todos com quem era possível se comparar eram as poucas pessoas com quem se cruzava no dia a dia?

A ideia geral é que somos feitos por nossas relações mais essenciais com nossa mãe, nosso pai e nossa família, e somos indissociavelmente produtos de nosso tempo histórico, ou, como diz Lévy em seu texto *O que é o virtual?*,

> *Nós, seres humanos, jamais pensamos sozinhos ou sem ferramentas. As instituições, as línguas, os sistemas de signos, as técnicas de comunicação, de representação e de registro informam profundamente nossas atividades cognitivas: toda uma sociedade cosmopolita pensa dentro de nós. Por este motivo, não obstante a permanência das estruturas neuronais de base, o pensamento é profundamente histórico datado e situado, não apenas em seu propósito mas também em seus procedimentos e modo de ação. (1996, p. 95)*

Pensemos de que maneira essa compreensão do homem se articula com a psicanálise. Herrmann, psicanalista paulistano, define a psique do real como um conjunto de pressupostos inconscientes que determina formas possíveis de ser em determinada época. Segundo essa compreensão, o inconsciente individual não foge ao inconsciente geral da época em que se está inserido. Nessa perspectiva, portanto, realidade e identidade são ideias gêmeas, sendo a primeira designada como a representação do mundo que toca o sujeito, e a segunda, a representação do sujeito para si mesmo.

E qual seria esse inconsciente geral de nossa época?

Segundo Guy Debord, escritor francês relevante no movimento de maio de 1968, vivemos um momento histórico que pode ser denominado Sociedade do Espetáculo, tendo isso sido dito em 1967. Segundo Debord, "o espetáculo não é um conjunto de imagens, mas uma relação social entre pessoas, mediatizada por imagens" (1967, p. 38).

O espetáculo apresenta-se como algo grandioso, positivo, indiscutível e inacessível. Sua única mensagem é "o que aparece é bom, o que é bom aparece". A atitude que ele exige por princípio é aquela aceitação passiva que, na verdade, já obteve na medida em que aparece sem réplica, pelo seu monopólio da aparência. A sociedade que repousa sobre a indústria moderna não é fortuita ou superficialmente espetacular, é fundamentalmente espetaculista. No espetáculo da imagem da economia reinante, o fim não é nada, o desenvolvimento é tudo. O espetáculo não quer chegar a outra coisa senão a si mesmo (Debord, 1967).

Vejam que a máxima "o que aparece é bom" encerra a ideia central de que não é necessário ser bom para aparecer, não existe uma qualidade positiva anterior ao espetáculo, aparecer (qualquer coisa) é o próprio espetáculo. Um exemplo fácil que vem à cabeça são os *reality shows* (são tantos), como o *Big Brother*. Entre os participantes, não há alguém que tenha algum talento artístico específico a ser mostrado, diferentemente do modelo de mídia anterior, no qual os que apareciam eram atores, atrizes, jornalistas que tinham certa competência específica para estar na mídia. Na sociedade do espetáculo, o espetacular é estar exposto.

"Manda nudes" versus *vídeos amadores*

E, para finalizar, por que as pessoas mandam nudes? Por que passaram a se filmar tendo relações sexuais e compartilhar isso em um espaço que, no final das contas, é público? Afinal, tudo o que está online é potencialmente público.

Esse novo comportamento tem motivações inconscientes, formatos culturalmente determinados e sua efetivação possibilitada pela tecnologia existente. É um fenômeno sobredeterminado, isto é, uma apresentação comportamental e cultural que se organiza por uma composição de diversos fatores.

Clay Shirky, professor do Programa de Telecomunicações Interativas da Universidade de Nova York, aborda em seu livro *A cultura da participação* (2010) uma teoria sobre o motivo pelo qual as pessoas passaram a compartilhar informações, fotos e opiniões de forma intensa e coletiva pela internet. Segundo Shirky, a sociedade ficou por um período fixada em frente à televisão. Ele apresenta dados que mostram que, em média, pessoas em países desenvolvidos passavam de vinte a trinta horas por semana assistindo TV.

O autor cita diversos estudos que relacionam o alto tempo gasto em frente à televisão com a falta de qualidade de vida e insatisfações no campo social. No entanto, Shirky propõe que assistir televisão não era o problema em si, mas, sim, uma tentativa de lidar com um problema. A televisão surgiu para preencher o tempo livre resultante da revolução industrial, das horas de trabalho regulares e das novas tecnologias domésticas.

Segundo o autor, nosso tempo livre acumulado aumentou devido às jornadas de trabalho semanais de 40 horas, ao crescimento populacional, à melhoria da saúde e ao aumento das oportunidades educacionais, bem como à disseminação da prosperidade. No entanto, esse tempo livre ainda não se tornou um excedente cognitivo porque nos faltavam os meios para utilizá-lo (Shirky, 2010, p. 161). A ideia é que o usuário saiu do papel de mero "consumidor" de informação para ser cocriador dela. E passou a ser coautor de uma mídia coletiva pornográfica (e de outros tipos) sob o signo da sociedade do espetáculo.

Sujeitos contemporâneos passaram a ser coautores em uma grande mídia pornográfica, possivelmente motivados por seu próprio narcisismo, o desejo legítimo e a situação perdida de ser amado, admirado e elogiado, ou por tantas outras motivações inconscientes, possibilitados pelos instrumentos tecnológicos disponíveis - smartphones - e sob o signo cultural do espetáculo. Fotos com filtros, bocas, cenários, Photoshop, roupas, parceiros, performance, trilha sonora. Tudo para produzir o melhor espetáculo.

Então a pornografia saiu do âmbito secreto e foi para o público?

Não. Há uma grande confusão, do meu ponto de vista, intrínseca à condição do espaço virtual. O Facebook nos pergunta: "No que você está pensando?".

Essa questão está direcionada ao meu mundo interno, aos meus pensamentos, elocubrações e fantasias; porém, quando escrevo e posto, algo do meu mundo interno torna-se público, mas o espaço virtual, por suas características próprias, confunde essa dimensão entre dentro e fora, entre mundo interno e externo; existem deslizamentos entre mundos e linguagens.

O mundo virtual pode parecer anônimo, íntimo, livre, o que faz um apelo sedutor para que eu expresse pensamentos, fotos, vivências profundamente pessoais e íntimas, porém é público. Não me parece que a dimensão absolutamente pública do que está online é clara a todos. As pessoas têm fantasias enganosas em relação à privacidade na internet.

Referências

Bauman, Z. "A sociedade líquida." *Folha de São Paulo* (2003): 4-9.

Debord, G. (1967). *A sociedade do espetáculo*. Ed: Contraponto. RJ. Editions Gallimard, 1991, da tradução, Estela dos Santos Abreu.

Freud, S. "Introdução ao narcisismo, ensaios de metapsicologia e outros textos: 1914-1916." *Introdução ao narcisismo, ensaios de metapsicologia e outros textos: 1914-1916*. 2010. 309-309. Cia das Letras. Trad: Paulo César de Souza.

Herrmann, F. (2001). *Andaimes do real: psicanálise do quotidiano*. Casa do psicólogo.

Lévy, P. (1996). *O que é o virtual?* Editora 34.

Sfez, L. (1996). *A saúde perfeita: crítica de uma nova utopia*. Edições Loyola.

Shirky, C. (2010). *A cultura da participação: criatividade e generosidade no mundo conectado.*

Žižek, S. *Bem-vindo ao deserto do real!: cinco ensaios sobre o 11 de setembro e datas relacionadas*. Boitempo Editorial, 2015.

5. A questão do íntimo na internet: youtubers como psicanálise do cotidiano

YouTube como novo formato de mídia

O YouTube é uma plataforma de compartilhamento de vídeos que foi lançada em 2005. Seu nome vem da junção das palavras *you* e *tube*, sendo que esta, em inglês, significa "televisão"; portanto, a junção dos termos resulta em "você na TV". Trata-se de uma plataforma online que possibilita que qualquer pessoa poste vídeos publicamente. O YouTube tem uma política de boas práticas que retira vídeos e pune usuários que postem material de ódio, pornográfico ou contra a lei; fora isso, qualquer pessoa pode filmar e postar qualquer tipo de conteúdo.

É recente o surgimento e a fama dos canais de YouTube. Esses canais são contas – como uma conta de e-mail ou de rede social – que qualquer pessoa pode criar e postar os vídeos que quiser.

Youtubers são pessoas que têm seus canais como trabalho e fonte de renda; alguns deles chegam a postar dois vídeos por dia, todos os dias. Esses youtubers, em sua maioria jovens de 20 a 30 anos, são chamados de *digital influencers* pelo grande alcance que têm às pessoas que assistem a seus vídeos.

Whindersson Nunes é um rapaz piauiense de 22 anos que tem um canal no YouTube com 18.957.174 inscritos. O vídeo em que ele pede a namorada em casamento, postado no dia 29 de março de 2017, teve 11.586.472 de visualizações.[1] Esses números significam que pessoas clicaram e assistiram ao vídeo de seu pedido de casamento mais de 11 milhões de vezes (não necessariamente significa que mais de 11 milhões de pessoas assistiram a esse conteúdo) e que quase 19 milhões de pessoas estão inscritas no seu canal (esse número, sim, é individual).[2] Whindersson é o oitavo youtuber com maior número de inscritos em seu canal no ranking mundial do YouTube.

Para se ter uma referência de comparação, a novela *Avenida Brasil*, um dos maiores sucessos de público da Rede Globo em 2012, contava com uma média de 38 milhões de telespectadores por episódio.[3] O pedido de casamento de Whindersson teve um terço dessa audiência.

Whindersson Nunes faz parte do grupo chamado *digital influencers*. Como foi mencionado, na lista dos maiores canais de YouTube do mundo, ele aparece em oitavo lugar, dividindo com outros sete rapazes jovens (em média de 20 a 30 anos) a possibilidade de acessar mais de 211 milhões de pessoas – esse é o número

---

[1] Os dados referentes ao número de inscritos e de visualizações mencionados foram consultados em 17 de abril de 2017.

[2] Esses números podem ser checados no YouTube, mas sofrem alterações constantes à medida que mais visualizações são feitas ou novas pessoas inscrevem-se no canal.

[3] https://f5.folha.uol.com.br/televisao/1170219-globo-diz-que-38-milhoes-de-pessoas-assistem-a-avenida-brasil-por-dia.shtml.

somado de assinantes dos oito canais mais populares do YouTube.[4] Esses números referem-se a canais "particulares", pois os mais acessados da plataforma dividem espaço com celebridades da música, como Beyoncé, Taylor Swift e Justin Bieber.

O youtuber com maior número de inscritos e vídeos visualizados no mundo é PewDiePie, cujo nome real é Felix Arvid Ulf Kjellberg, um rapaz sueco que tem aproximadamente 54.600.000 pessoas inscritas em seu canal (até a finalização deste texto).

Os youtubers são, portanto, um fenômeno atual difícil de ser ignorado, pelo ineditismo da possibilidade de acesso que têm a seus seguidores. Pouco tempo atrás, era inimaginável uma pessoa de vinte e poucos anos, muitas vezes sem uma formação profissional formal, ser conhecida e ter potencial de influenciar dezenas de milhões de pessoas, com exceção de artistas e famosos, que já tinham a capacidade de influenciar muitas pessoas mesmo antes dos 30 anos.

Quando esses youtubers aparecem em público, os fãs gritam, empurram-se, fazem filas para vê-los – são tratados como celebridades. E o que esses jovens postam de tão interessante, sendo capazes de atrair tantos *followers* e tantos *views*?

Em sua maioria, os mais populares youtubers postam vídeos sobre *games*, isto é, comentam jogos de *videogame*, mostram como se passa de fase no jogo ou simplesmente compartilham esse momento de jogar com quem os assiste, fazendo comentários. Outros youtubers fazem vídeos falando a respeito de algum assunto atual ou de experiências pessoais. Whindersson Nunes, o brasileiro mais seguido no YouTube, faz vídeos com paródias de música e textos engraçados, que tratam, muitas vezes, da sua condição de vida difícil na infância e de particularidades do interior nordestino.

---

[4] vidstatsx.com.

Uma característica específica e comum a todos os canais desse novo tipo de mídia é que os vídeos têm um certo tom caseiro, e não profissional, como se um rapaz qualquer filmasse com seu próprio celular em um lugar familiar qualquer. Os vídeos de Whindersson, por exemplo, são sempre filmados dentro de quartos.

Outra singularidade desse tipo de mídia é que os youtubers tratam seus seguidores com apelidos como "família" ou "bros" (de *brothers*), e é possível comentar os vídeos, pedir um conteúdo específico e fazer perguntas. É comum que os youtubers mostrem sua casa, sua(seu) namorada(o) e contem histórias de sua vida.

O tamanho da fama desse novo formato de mídia parece surgir de uma questão principal que sintetiza essas singularidades, que é a de proporcionar ao espectador – que mudou de nome, não é mais um espectador passivo como o era em frente à TV, mas membro de uma família – ao menos a fantasia de que ele e o youtuber são íntimos amigos de infância; é essa relação de confiança supostamente estabelecida entre um lado e o outro da tela que tem interessado tanto as marcas que se associam às novas celebridades; imagine ter um produto anunciado por alguém que outros 54 milhões de pessoas consideram um irmão (*bro*).

É possível observar, nessa mídia, uma espécie de nova estética, novo formato e nova linguagem, mais atualizada e rápida do que a das mídias tradicionais. Pensemos que um programa de televisão (em TV aberta ou a cabo) conta com muitos funcionários, atores, roteiristas, produtores, enfim, um conjunto de pessoas (de mais de 30 anos, no geral) que atende a mil e um interesses e necessidades, desde seguir uma certa conduta da emissora a respeito de como tratar determinados assuntos até as necessidades de IBOPE e audiência que atendem aos interesses comerciais da emissora e de seus investidores.

Os youtubers parecem, por vezes sem querer, por vezes de maneira explícita (e hilária), zombar de uma mídia antiquada e anacrônica, com a qual os jovens identificam-se muito pouco, num estilo revisitado da "Geração Coca-Cola" de Renato Russo (1985):

Quando nascemos fomos programados
A receber o que vocês
Nos empurraram com os enlatados

Dos USA, de nove às seis
Desde pequenos nós comemos lixo
Comercial e industrial
Mas agora chegou nossa vez
Vamos cuspir de volta o lixo em cima de vocês

Talvez, em um espírito atualizado e menos afeito à estética da revolta, como a geração de Renato Russo nos anos 1980 e 1990, os jovens que consomem e produzem conteúdo no YouTube desprezem a produção da mídia convencional, a ponto de talvez vir a torná-la obsoleta simplesmente por não a consumir.

Além da singularidade do formato, da linguagem e do tratamento das questões, essa nova mídia cria uma espécie de comunidade internacional que, talvez pela primeira vez na história, consome o mesmo conteúdo, seja na Suécia, no México, na Coreia ou em Gana, já que a internet é provavelmente o meio de comunicação mais democrático que já existiu. Há, evidentemente, a barreira da língua, mas canais falados em inglês e espanhol têm uma possibilidade de alcance que muito extrapola as barreiras nacionais. Até o momento, existiam conteúdos de mídia compartilhados por diferentes países, como as séries norte-americanas e os filmes, mas ainda era um conteúdo bastante elitizado por conta do preço da TV a cabo e do cinema.

Em 2016, uma pesquisa feita pelo banco de investimentos Piper Jaffray levantou que, pela primeira vez, os jovens estão assistindo mais ao YouTube do que à televisão a cabo e aberta (https://www.uol.com.br/start/ultimas-noticias/2016/10/19/adolescentes-preferem-assistir-youtube-do-que-tv-a-cabo-diz-estudo.htm).

Como esse novo cenário pode interessar aos psicanalistas? Em vez de olhar para essa migração como simples modismo adolescente, consideremos que essa geração que tem youtubers como ídolos e que não assiste mais à televisão serão os adultos, analistas e pacientes, políticos e educadores daqui a dez, vinte anos.

Lemma e Caparrotta, organizadores do livro *Psychoanalysis in the Technoculture Era* (2014), sugerem que a comunicação tecnológica deve ser de grande interesse para os psicanalistas contemporâneos, na medida em que essas tecnologias têm o potencial de exercer importantes funções psíquicas, como estar-consigo-mesmo e estar-com-os-outros. Como psicanalistas, é nossa incumbência distinguir entre as propriedades da ferramenta e o uso que as pessoas fazem desta.

Youtubers: psicanálise do quotidiano

Proponho tomar o fenômeno youtuber como uma porção do mundo, que encerra em si uma amostra de regime de pensamento deste, como propõe Herrmann. No trabalho *O que a subjetividade contemporânea tem a ver com o romance e o miniconto*, Luciana Saddi diz:

> *O gênero romance nasce na modernidade, e, como vimos, fala de um momento histórico específico. O romance revela a modernidade e a modernidade revela o romance de maneira indissociável. Essa poderia ser uma afirmação*

> *de Herrmann ao dizer que em cada quotidiano, ou seja, em cada porção do mundo, é preciso levar em conta o regime de pensamento do mesmo, pois esse não está desarraigado do sujeito individual. Se essas afirmações forem verdadeiras, encontraremos no romance a modernidade, a psicanálise e o neurótico, e vice-versa. Cada quotidiano revelará homem e mundo. (2015, p. 149)*

Não há a pretensão de tomar o fenômeno youtuber no mesmo patamar do romance, enquanto gênero narrativo, mas de tomá-lo, sim, como um novo gênero narrativo que conta histórias de forma bastante popular, e por sua popularidade parece dar notícia de um cotidiano, a revelar homem e mundo, como conceituado por Herrmann. O psicanalista paulistano, no prefácio de seu livro *Andaimes do real: psicanálise do quotidiano*, de 2001, diz que muito mais se escreve sobre o tratamento analítico que sobre o humanístico dia a dia, e que seu livro pretendia analisar as regras de constituição do cotidiano, pois a psique, o objeto da psicanálise, ocorre essencialmente na vida cotidiana dos homens, e que voltar ao cotidiano é voltar à casa paterna (p. 9).

Tomemos, então, essa nova mídia como o humanístico dia a dia e investiguemos as regras que constituem esse cotidiano. Minerbo (1993), em um trabalho em que discute a intimidade do ponto de vista da Teoria dos Campos, de Herrmann, diz:

> *Ao postular a ideia de campo de uma relação (inconsciente relativo), o referencial meta-teórico que utilizamos permite instrumentar o método psicanalítico de modo que seja possível não apenas a psicanálise de pacientes, mas também psicanálises dos mais variados "tecidos" psíquicos que podem então ser estudados. (p. 247)*

Sigamos pelas ideias de Herrmann, nas palavras de Minerbo, e tomemos esse fenômeno de mídia enquanto um tecido psíquico que justifica o olhar psicanalítico para "o processo incessante de produção de sentido psíquico no mundo" (2001, p. 34).

A Teoria dos Campos, de Fabio Herrmann, planteia exorcizar a dicotomia entre fantasia interna e realidade externa. Na definição do autor, a psique do real seria um conjunto de pressupostos inconscientes que determina formas possíveis de ser em uma determinada época. Segundo essa compreensão, o inconsciente individual não foge ao inconsciente geral da época em que está inserido. Realidade e identidade são ideias gêmeas, sendo a primeira designada como a representação do mundo que toca o sujeito, e a segunda, a representação do sujeito para si mesmo.

O real, como produtor de sentidos, é inacessível de maneira direta, e apenas apreensível "na atividade de seus campos particulares, isto é, na medida em que funda formas de relação determinadas, provê-las de sentido, fá-las funcionar... o quotidiano é o lugar onde o real se transforma em realidade" (Herrmann, 2001, p. 34).

Dessa maneira, não há nenhuma representação da realidade que exclua sua matriz; por exemplo, não é possível a existência de uma peça de plástico que exclua a extração do petróleo, a máquina que a fabrica e o sistema mercadológico que a faz chegar até nossa casa. Nesse sentido, o autor diz que qualquer conjunto de relações capazes de estabelecer uma realidade abarcativa configura-se como um cotidiano, sendo o cotidiano constituído de tal maneira que qualquer parte sua seja também o todo. Assim, "podemos cavar nossos poços de prospecção onde quer que nos apeteça, certos de encontrar uma jazida de realidade e um campo do real" (Herrmann, 2001, p. 36).

Este cotidiano supõe um campo do real a produzi-lo e sustentá-lo; no entanto, essas relações e esses sentidos não são transparentes ou evidentes, sendo apenas revelados por suas representações.

Herrmann ressalta o perigo de criarmos cotidianos psicanalisáveis, isto é, que tomemos porções de mundo condizentes com nossas teorias. Olhar para internet, YouTube e mídias sociais me parece caminhar em direção oposta a essa, já que as teorias psicanalíticas parecem caber pouco ou desajustadamente às novas vivências no mundo virtual.

Pois bem: quais seriam os tecidos de representação, o campo do real que sustenta o inconsciente relativo dessa nova mídia?

Vídeos de YouTube enquanto produto cultural

Os vídeos de youtubers podem ser pensados como novos produtos da cultura, como outras produções de conteúdo: novelas, *reality shows* etc. Minerbo (2007), em um trabalho que reflete a respeito do sucesso dos *reality shows* na contemporaneidade, como o *Big Brother*, aponta para um novo formato de produto cultural que prescinde da mediação simbólica do corpo do ator. Segundo a psicanalista, nos *reality shows* existe um esforço para se apagar o caráter de espetáculo, porque, por mais que este exista – há equipe de filmagem, produtor, apresentador etc. –, o que o espectador quer ver são as pessoas "de verdade" e, em um *reality*, por mais que exista um jogo sendo jogado, os participantes não estão ali representando outro papel que não os de si mesmos.

Minerbo pensa o sucesso desse tipo de conteúdo refletindo a respeito da fome que o espectador tem de "consumir carne humana"; refere-se, no trecho a seguir, especificamente ao *Big Brother Brasil* (BBB).

> *pois é essa que nos coloca na posição de leões, isto é, de devoradores de carne humana. Quando assistimos a um espetáculo nos moldes clássicos – teatro, circo,*

> *e mesmo a novela, já que estamos falando de televisão –, há, entre nós e o corpo dos atores, mediações simbólicas importantes. Seu corpo é o suporte do roteiro, de personagens laboriosamente construídos, há o talento, a iluminação, o palco, enfim, uma série de recursos que se interpõem entre nós e eles. Graças a essas mediações, o corpo do ator transcende seu estatuto de mera exibição de carne humana e passa a ter valor simbólico, tornando-se ator no sentido forte da palavra. Ele passa a ser o suporte necessário para a expressão do talento (ou mesmo para a falta dele – aqui, o que vale é a intenção). No espetáculo clássico, o corpo é representação. No BBB, o corpo é obsceno, não porque esteja quase nu, mas porque é um corpo-carne, sem valor simbólico, pura realidade, excessivamente "de verdade" quando comparado com o corpo do teatro, do circo ou da novela. Obsceno: fora da cena – da cena simbólica. (2007, p. 157)*

Poderíamos pensar os youtubers como um passo adiante no caminho dessa exposição de conteúdo, na mídia, de "carne humana de verdade". A fantasia que se constrói pela forma por meio da qual se produz o conteúdo, pela imediatez com que é publicado e pela suposta relação direta e sem intermediação entre inscritos/*bros* e youtuber é a de que entre mim e aquela pessoa na tela não existe separação, nenhum intermediário, já que, diferentemente dos *reality shows* da televisão, supostamente os youtubers não têm equipe nem produção além da simples edição de vídeo (muitas vezes realizada por eles mesmos). Seríamos, então, eu e ele(a) "conversando", como se estivéssemos deitados um ao lado do outro na cama ou no sofá de casa.

A cena que se constrói é de intimidade, de familiaridade. Poderíamos dizer que as novelas, queridas companheiras de grande parte da população brasileira, serviam ao mesmo propósito, que os espectadores se sentissem próximos e íntimos dos personagens, chegando a confundir realidade e ficção ao agredir atores na rua, por estes interpretarem personagens maus nas tramas novelescas.

Sim, as novelas criavam, assim como os filmes e séries o fazem, uma vivência de intimidade entre o espectador e os dramas dos personagens. Poderíamos, então, dizer que nada mudou? Que tudo continua igual, apenas com roupagem diferente?

Uma intuição pessoal me diz que todas as vezes que explicamos um fenômeno novo com equivalências fáceis (isto é igual àquilo) estamos provavelmente deixando escapar alguma particularidade e nos resguardando no espaço seguro do conhecido.

A suposta vivência de intimidade entre seguidores e youtubers é de natureza diferente, pois, além de estes não estarem representando um papel – ou ao menos não o estão fazendo de maneira tradicional, como os atores o faziam ao interpretar um personagem –, existe interação real, possível e direta. Não é incomum os youtubers responderem a comentários e atenderem pedidos dos seguidores; eles, de fato, conversam (virtualmente).

Mas se toda relação é determinada e sustentada por um campo, seu inconsciente relativo, como coloca Minerbo (1993) a respeito do pensamento de Herrmann, que tecidos inconscientes são esses que essa porção de mundo nos revela a respeito dos sujeitos e da realidade?

O ponto central do sucesso, da fama e da popularidade dessa nova mídia parece ser a suposta experiência de intimidade entre as partes – quem está de cada lado da tela –, o que nos levanta uma questão bastante curiosa, visto a intimidade nos parecer, a princípio, avessa às vivências online.

Whindersson Nunes faz um vídeo pedindo a namorada em casamento, mais de 11 milhões de vezes o vídeo é visualizado, mais de 11 milhões de vezes pessoas sentiram-se fazendo parte de um momento íntimo e importante do youtuber, ao mesmo tempo que ele publiciza algo particular e íntimo de sua vida.

Segundo Debord, "o espetáculo não é um conjunto de imagens, mas uma relação social entre pessoas, mediatizada por imagens" (1967/1997, p. 14). Em 1967, o escritor francês lançou seu livro *A sociedade do espetáculo* e conceituou uma nova sociedade que nascia, na qual sua única mensagem era "o que aparece é bom, o que é bom aparece".

Seria o espetáculo mais espetacular quanto menos ele aparentasse ser um espetáculo? A máxima "o que aparece é bom" encerra a ideia central de que não é necessário ser bom para aparecer, não existe uma qualidade positiva prévia. Aparecer (qualquer coisa) é o próprio espetáculo. Poderíamos, então, considerar que é sob o signo da sociedade do espetáculo que youtubers estão fazendo seu sucesso, e que tal signo se configura, enquanto uma das características do campo do real, a sustentar e promover esse cotidiano.

Não podemos deixar de incluir nesse mesmo signo, o do espetáculo, a maciça utilização que as pessoas têm feito das redes sociais, como Facebook, Instagram e Snapchat. Sempre que tratamos dessas questões em meios psicanalíticos, algumas posições surgem, como a de que as pessoas estão perdendo a condição de fazer contato real umas com as outras; até elaborações mais teóricas dizem que a confusão entre mundo real e virtual seria característica das personalidades borderlines, e que o mundo virtual, baseado em imagens, modificaria completamente a linguagem como representação de mundo (Guignard, 2014).

Psicanálise e tecnologia

É comum ouvirmos do senso comum, em rodas de conversas, em reportagens de televisão e também nas comunicações virtuais (em mídias sociais) a crítica de que as pessoas estão utilizando a tecnologia de maneira excessiva e descontrolada. Há fotos de lugares (museus, escolas, teatros, cafés) nos quais todos os presentes estão olhando para as telas de seus celulares, profissionais da saúde recomendando o uso moderado da conexão digital e, nos consultórios, constantes queixas dos pais de que os filhos só querem jogar *videogame*, ou mesmo pacientes, crianças e adolescentes, que trazem os dispositivos eletrônicos para a sala de análise (os adultos sempre os trazem).

Nicolaci-da-Costa, professora da Pontifícia Universidade Católica do Rio de Janeiro e estudiosa da relação entre internet e sujeito, nos diz: "Frequentemente ouvimos falar que, nos dias de hoje, estamos nos tornando muito dependentes da tecnologia. A esses comentários se segue a avaliação de que isso não é bom na medida em que nos afasta cada vez mais da nossa condição de seres humanos" (2006, p. 19).

Usar a internet, seja para assistir a vídeos no YouTube, participar de redes sociais ou outros usos, indica um afastamento de nossa condição de seres humanos?

Conexão e identificação

O uso da internet por pessoas comuns (pesquisas e uso militar começaram décadas antes disso) se iniciou em meados dos anos 1990 (Castells, 2003), mas apenas nos anos 2000 é que de fato a plataforma digital passou a ser acessível ao uso doméstico e corriqueiro, como para enviar e-mails e pesquisar assuntos em geral. Em dezessete anos, a tecnologia da informação transformou radicalmente todos os setores do mercado, as guerras, o acesso à informação, o sentido de distância geográfica e a maneira de as pessoas se comunicarem.

Se nós passamos a usar a tecnologia da informação com tamanho interesse, curiosidade e entusiasmo (apesar das críticas e ressalvas), essa mesma tecnologia, ou o que ela oferece, seria algo de natureza estranha à condição humana?

É importante ressaltar que as grandes novidades em termos de tecnologia da informação não foram projetadas por empresas e disponibilizadas prontas ao usuário final. Os sites que têm maior acesso são as plataformas com conteúdo gerado pelo usuário, como Wikipédia, Facebook, Instagram, YouTube, Mercado Livre etc. Quem fez a internet ser interessante e constantemente atualizada são os próprios usuários da rede.

No dia 24 de agosto de 2015, o Facebook registrou o acesso de 1 bilhão de pessoas. Em um planeta com 7 bilhões de pessoas, a conta é fácil: uma em cada sete pessoas estava conectada no Facebook na data do marco. Zuckerberg publicou um post em seu perfil dizendo que esse é "apenas o começo para conectar o mundo todo" (https://www.bbc.com/portuguese/noticias/2015/08/150828_facebook_recorde_lab).

No livro *A cultura da participação* (2010), Clay Shirky, professor de telecomunicações interativas da Universidade de Nova York, diz que "vivemos, pela primeira vez na história, em um mundo no qual ser parte de um grupo globalmente interconectado é a situação normal da maioria dos cidadãos" (p. 27).

A psicanálise conhece a identificação como a mais antiga e original manifestação de uma ligação afetiva a um objeto, diz Freud em seu livro *Psicologia das massas e análise do eu*, de 1921. Seria imprudente dizer que há algo humano, demasiado humano na tecnologia da informação com a qual nos identificamos? Ou a lógica da teoria nos permite, sim, dizê-lo? Se sim, com o que, na tecnologia da informação, estaríamos tão entusiasticamente identificados?

Internet: matriz de sentidos

Castells, sociólogo espanhol pensador das novas tecnologias de comunicação, denomina o momento atual da economia e da sociedade de rede. Em suas palavras,

> *Sob essas condições, a Internet, uma tecnologia obscura sem muita aplicação além dos mundos isolados dos cientistas computacionais, dos hackers e das comunidades contraculturais, tornou-se a alavanca na transição para uma nova forma de sociedade – a sociedade de rede – e com ela para uma nova economia. (2003, p. 8)*

Arriscando um diálogo entre o Freud de 1921 e Castells, oitenta anos depois, o algo com o qual 1 bilhão de pessoas estariam identificadas talvez seja precisamente essa nova característica possibilitada pela internet, a constituição de uma rede.

A rede é um meio de comunicação de muitos com muitos, diz Castells (2003). A internet, enquanto tecnologia, não fala diretamente a algum anseio fundamentalmente humano, mas a possibilidade de comunicação e conexão com outras pessoas parece que sim.

Convido apenas mais uma voz para fazer parte da conversa, e caminhamos para o final de nosso argumento. Pierre Lévy é filósofo, sociólogo e pesquisador de ciência da informação e da comunicação e estuda o impacto da internet na sociedade, as humanidades digitais e o virtual. Em seu livro *O que é o virtual*, de 1995, além de propor uma discussão interessante a respeito do *status* do virtual – de este não se opor ao real, e, sim, ao atual, sendo, portanto, um espaço em potencial –, Lévy diz: "O que torna a Internet tão interessante? Dizer que ele é 'anarquista' é um modo grosseiro e falso de apresentar as coisas. Trata-se de um objeto comum, dinâmico, construído, ou pelo menos alimentado por todos os que o utilizam" (1995/1999, p. 128).

Lévy propõe que o conteúdo presente na rede de computadores (internet) – ele fala em texto; eu tomo aqui a liberdade de estender a ideia para conteúdo, podendo ser um texto narrado com imagens, um vídeo – é uma matriz de textos em potencial, isso porque o dispositivo possibilita que o leitor cocrie o conteúdo: "toda leitura em computador é uma edição, uma montagem singular" (1995/1999, p. 41).

O autor diz que, ao interpretar e dar sentido, o leitor/seguidor (inserção minha) leva a cabo uma cascata de atualizações possíveis do conteúdo; ao interagir com ele, o usuário "levanta por cima de páginas vazias uma paisagem semântica móvel e acidentada" (1995/1999, p. 35), podendo tomar caminhos diferentes, estabelecer redes clandestinas, fazendo emergir outras geografias semânticas. Seguimos com as palavras do escritor, propondo aqui estender a ideia de texto e leitura para *views* e outras interações possíveis:

> *Assim a escrita e a leitura trocam seus papéis. Todo aquele que participa da estruturação do hipertexto do traçado pontilhado das possíveis dobras de sentido já é um leitor. Simetricamente, quem atualiza um percurso ou manifesta este ou aquele aspecto da reserva documental contribui para a redação, conclui momentaneamente uma escrita interminável. As costuras e remissões, os caminhos de sentido originais que o leitor inventa po-*

dem ser incorporados à estrutura mesmas dos corpus. A partir do hipertexto, toda leitura tornou-se um ato de escrita. (1995/1999, p. 46)

De que maneira essa cocriação funciona, de fato? Vejamos sites, plataformas e aplicativos que têm seu conteúdo gerado pelo usuário. As redes sociais são as mais evidentes realizações dessa colaboração: se os usuários não postam fotos, notícias, opiniões, não há nada a se ver no Facebook, no Instagram ou no YouTube.

Mas o que Lévy nos coloca é que não é apenas o conteúdo gerado pelo usuário que faz a internet ser essa rede interessante de contatos e colaboração. Trata-se de mais que isso: uma notícia, um vídeo, uma foto é um acontecimento que segue acontecendo a partir das interações entre os usuários.

Um vídeo de youtuber, por exemplo, é postado e comentado, criticado, compartilhado, dá origem a um outro vídeo como resposta ou a um post ou tuíte de outras pessoas, de muitas pessoas. O youtuber pode fazer um segundo vídeo a partir de comentários do anterior ou continuar algum tipo de conversa ou discussão nos infindáveis fóruns online, seja no YouTube, no Facebook ou no Twitter, por exemplo. Um seguidor se inspira e começa a fazer vídeos e convida o youtuber de sua inspiração para participar. Sim, escritores também se inspiravam em escritores, e atores, em outros atores, mas a mídia de base (a internet) tem essa rede de interações como qualidade singular, que a diferencia de outras mídias.

É essa escrita coletiva, as infinitas dobras de sentidos e novas produções, como diz Lévy, que faz a internet ser um espaço diferente do mundo offline, diverso das produções de conteúdo tradicionais (TV, filmes, peças de teatro, literatura).

Poderíamos, então, pensar no fenômeno youtuber a partir desse inconsciente relativo como uma tessitura de condições tecnológicas disponíveis costuradas a uma experiência particular de intimidade online.

Muitas pessoas, psicanalistas em especial, se oporiam de imediato à ideia de intimidade na rede, ou intimidade do mundo virtual, visto que se parte da ideia de intimidade na relação analítica. De que intimidade estaríamos falando ao dizer que inscritos e youtubers sentem que compartilham um certo espaço íntimo? E do que se trata, psicanaliticamente, a intimidade?

Intimidade na rede

No texto *Intimidade e formas de intimidade: da escuta à teorização* (1993), Minerbo traz alguns fragmentos clínicos para tratar da questão a partir da leitura de Herrmann, tomando isso como uma relação sustentada por um campo, seu inconsciente relativo.

Nessas reflexões, Minerbo postula que a intimidade pertence ao campo da neurose, já que tem como condição o reconhecimento do outro enquanto separado do eu, e que o prazer na intimidade se daria no encontro entre dois eus que se reconhecem em suas falhas e podem aceitá-las. Pessoas com intimidade uma com a outra aproximam-se reconhecendo semelhanças e separam-se demarcando as diferenças. A autora diz que "O sentimento do 'eu-mesmo' é prazeroso na mesma medida em que o sentimento de despersonalização é desagradável" (1993, p. 239).

Minerbo continua sua postulação ao dizer que a intimidade acontece em um certo território erótico, e esse território é a psique; duas psiques que se aproximam, se reconhecem e se distinguem. Experimentando o prazer de se sentir acompanhada em ser ela mesma, falha e, ainda assim, amada. A autora fala a respeito do prazer do analista em partilhar da intimidade de seus pacientes, demarcando, assim, seu sentido de eu-mesmo diante do diferente e do semelhante que encontra no outro do paciente. Aponta para o perigo sempre presente de perder-se no outro, do borramento dos próprios contornos a partir do desejo do estado fusional.

Pois bem, a intimidade assim conceituada parece ser necessariamente uma via de mão dupla entre dois seres que se constituíram enquanto eus separados e que podem, então, aproximar-se, identificar-se e separar-se.

No fenômeno youtuber, uma pessoa assiste a vídeos que outra pessoa fez e experimenta uma constelação psíquica que poderia ser traduzida da seguinte maneira: "Nossa, eu me sinto exatamente assim!"; ou: "Eu penso isso, não sabia que mais alguém pensava a mesma coisa"; ou: "Eu amo isso também"; ou: "Isso me irrita mais que tudo também".

É o reconhecimento do "eu também, assim como você" ou do "você também, assim como eu" que faz a cama do sentido da intimidade. Ainda segundo Minerbo (1993), o prazer da intimidade vem de partilhar com um outro a condição falha e imperfeita de ser. O youtuber compartilha comigo que, assim como eu, ele é também falho, imperfeito, inseguro, desajustado, incompleto.

Quem assiste aos vídeos deita de um lado dessa cama de intimidade e experimenta, por um momento, o calor (virtual) da companhia de um igual. Do outro lado da cama/tela, o youtuber compartilha algo de sua intimidade (seja uma opinião, o jeito de falar ou um pedido de casamento). Essa exposição e publicização da vida particular exige reflexão posterior.

Retomando Herrmann (2001), que diz que nenhuma representação da realidade exclui sua matriz, podemos pensar que a fama desse novo fenômeno de mídia viria atender a um anseio imenso de intimidade, mas que exclui da experiência o traumático do encontro com o outro?

Quando estou, no mundo offline, na cama com alguém, seja concreta ou psiquicamente, posso me deliciar na experiência do "assim como você, eu também"; porém, em seguida, é necessário que eu me recupere do Éden dessa fusão e me depare com o "não, nisso eu sou diferente de você" e lide com o inferno/traumático--que-são-os-outros, com o trabalho que é a alteridade, o que é separado, o não eu.

Não é nova a ideia de que a vivência online protege do traumático que há no encontro com o outro, mas o fenômeno youtuber parece introduzir um elemento novo, pela característica da ferramenta de possibilitar contato real – fazer comentários, dar sugestões, conversar com o youtuber –, produzindo a fantasia de estarmos, "de verdade", em uma relação de mão dupla, acentuando os borramentos de muros entre mundo online e mundo offline.

Para terminar, poderíamos tomar essa ideia como uma evidência cabal da falência da capacidade de relacionar-se dos sujeitos da contemporaneidade, como gostam de afirmar os profetas do apocalipse (expressão de Lévy), ou podemos retomar o que Lévy (1999) diz sobre o virtual não se opor ao real, mas ao atual, sendo o virtual um espaço em potencial.

Dessa forma, a popularidade dos youtubers poderia revelar um homem contemporâneo apaixonado por uma certa intimidade parcial, recortada, que anseia e consome um tipo de produto capaz de oferecê-la. Uma paciente de 14 anos diz "eu queria tanto ter amigas como nas séries e nos filmes, parece a amizade perfeita" e segue discorrendo a respeito das infindáveis imperfeições de suas amizades, as brigas, as mentiras, a sensação de estar excluída da turma de amigas e toda a gama de nuances inevitáveis das relações com pessoas reais. Os youtubers seriam esses amigos perfeitos com os quais me identifico, mas que não me exigem trabalho psíquico de separação (e, portanto, de ódio). A intimidade é prazerosa, na medida em que me identifico com um outro e, ao mesmo tempo, defino os contornos de ser eu mesmo; mas a essa vivência segue-se a outra necessária, de separar-me, o voltar a estar só e o reconhecer o outro como diferente de mim. Talvez seja essa segunda parte, a dolorosa, a estar fora do jogo de amor entre seguidores e youtubers.

Para finalizar, parece razoável afirmar que as relações representáveis a partir das quais se apresenta o psiquismo nesse fenômeno youtuber se dão sob o signo da sociedade do espetáculo, mediatizado por imagens, e que o campo, enquanto inconsciente dessa relação, enquanto o conjunto de regras que a organiza, parece ser o desejo de uma intimidade de mão única, um virtual estado fusional que exclui o trabalho traumático do encontro com o diferente no outro.

Como palavra final, espera-se que essas reflexões sejam tomadas mais como uma tentativa de apresentação de um fenômeno e de levantamento de questões do que como qualquer consideração conclusiva. E se esse cotidiano – sujeito que anseia por intimidade e compreensão e que consome isso enquanto produto de mídia – revela um homem contemporâneo incapaz de contatos reais ou se, por outro ponto de vista, anseia por eles, fica a cargo do olhar de quem observa.

Referências

Castells, M. (2003). *A galáxia da internet: reflexões sobre a internet, os negócios e a sociedade.* (M. L. X. A. Borges, Trad.). Zahar.

Debord, G. (1997). *A sociedade do espetáculo.* Contraponto. (Trabalho original publicado em 1967).

Freud, S. (2014). Psicologia das massas e análise do eu. In S. Freud, *Obras Completas* (v. 15, pp. xx-xx). (P. C. Souza, Trad.). Companhia das Letras. (Trabalho originalmente publicado em 1921).

Guinard, F. (2014). Psychic development in a virtual world. In A. Lemma, & L. Caparrotta (Eds.), *Psychoanalysis in the Technoculture Era*. Routledge.

Herrmann, F. (2001). *Andaimes do real: psicanálise do quotidiano*. Casa do psicólogo.

Lemma, A., & Caparrotta, L. (Eds.). (2014). *Psychoanalysis in the Technoculture Era*. Routledge.

Lévy, P. (1999). *O que é o virtual*. Editora 34. (Trabalho originalmente publicado em 1995).

Minerbo, M. (1993). Intimidade e formas de intimidade: da escuta à teorização. *Revista Brasileira de Psicanálise*, *27*(2), pp. 223-248.

Minerbo, M. (2007) Big Brother Brasil, a gladiatura pós-moderna. *Psicologia USP*, *18*(1), pp. 153-158. Disponível em: http://www.scielo.br/scielo.php?script=sci_arttext&pid=S0103-65642007000100009.

Nicolaci-da-Costa, A. M. (2006). Internet: uma nova plataforma de vida. In A. M. Nicolaci-da-Costa, *Cabeças digitais: o cotidiano na era da informação* (pp. 19-40). PUC-RJ.

Russo, R. (1985). *Geração Coca-Cola*. EMI.

Saddi, L. (2015). O que a subjetividade contemporânea tem a ver com o romance e o miniconto. *Revista Brasileira de Psicanálise* [online], *49*(4), p. 145-154. [citado 2023-07-03]. Disponível em: <http://pepsic.bvsalud.org/scielo.php?script=sci_arttext&pid=S0486-641X2015000400012&lng=pt&nrm=iso>. ISSN 0486-641X.

Shirky, C. (2010). *A cultura da participação: criatividade e generosidade no mundo conectado*. (C. Portocarrero, Trad.). Zahar.

6. Exaustão: como os algoritmos estão tecendo o sofrimento psíquico da hiperconectividade

Vinhetas

Do analista

Ano de 2022, dois anos de pandemia. Todos os psicanalistas foram levados, sem consulta prévia, a trabalhar online com seus pacientes. Além das sessões com os pacientes e das próprias com seus analistas, supervisões, seminários, cursos, formação, tudo passou a acontecer a partir de uma tela, sem deslocamento no espaço.

Do paciente profundamente deprimido

Não tem repertório simbólico para se pensar, as reflexões são extraídas a fórceps pelo analista dedicado a encontrar algum sentido dos sintomas físicos lancinantes de dor. Melhorados os sintomas, o paciente encerra o contato.

Da nova economia da atenção

Paciente de 14 anos, vem pouco presencialmente, diz que a mãe está ocupada para trazê-lo; sua analista sabe, também, que é cômodo para ele atender a chamada de sua cama, desligar no fim da sessão e seguir com o dia, sem se deslocar até o consultório. Esse paciente diz ter um aplicativo no celular que mostra o tempo em que fica em redes sociais; no dia anterior tal medidor apontou que tinha estado doze horas no TikTok.[1] Ele diz: "Não é possível, ontem eu fui na escola". "O que você vê no TikTok?", pergunta a analista. "Não sei."

De sintomas de burnout

Vinte e poucos anos, faz faculdade, estágio e um curso extra pra se tornar programador. Todas as atividades são remotas. Senta em frente ao computador às 7h30, levanta às 23h. Faz trabalhos e projetos para entregar aos finais de semana. Queixa-se de diversos sintomas mais físicos que mentais: lhe doem as costas, tem bebido muito, dorme mal, está irritado. Não sabe se vai encontrar horário para a sessão. Analista:

---

[1] TikTok é uma plataforma virtual com conteúdo gerado por usuários. Oferece ferramentas de edição de vídeo e áudio. Os vídeos são curtos, com duração de quinze segundos a três minutos no momento da publicação deste artigo, 2022.

"Você parece querer que eu te conserte, como a um computador, parece achar estranho não funcionar bem trabalhando dezesseis horas por dia, como se você não fosse um ser humano".

Dos empreendedores de si mesmos

Dezenove anos, enfim as tão aguardadas aulas na faculdade retornaram ao regime presencial, e com elas festas, bares, encontros. Ela não bebe para não engordar, incomodada com o próprio corpo, mesmo após perder mais de dez quilos, preocupada em "competir consigo mesma", em busca de sua "melhor versão" (entre aspas, as falas da própria paciente).

Prelúdio

Esses fragmentos de situações, embora particulares em suas narrativas, têm como linha de costura entre si o cenário do momento atual que articula pandemia, hiperconectividade e novas configurações de sofrimento psíquico.

Talvez apenas em momentos de guerra os analistas e pacientes tenham se visto, de repente, imersos em condições semelhantes de incertezas em decorrência de uma realidade externa comum. De uma semana para a outra, os profissionais tiveram de se adaptar (mesmo os que não tinham experiência prévia com atendimento remoto) a atender seus pacientes online, a novas configurações de rotina profissional e familiar, e, dessa maneira, psicanalistas que, individualmente, poderiam resistir à presença no mundo virtual não tiveram mais essa escolha.

As plataformas de reunião online já existiam, assim como atendimentos remotos e compras pela internet, mas a pandemia acelerou a ocupação desses espaços de maneira que talvez não acontecesse por muitos anos ainda, não fosse a necessidade de isolamento.

Para qualquer lado que olhemos, a pandemia acelerou o caminho em direção às soluções digitais: o Conselho Federal de Medicina acatou a prática de telemedicina, a educação passou a ser a distância, instituições bancárias digitalizaram (mais) seus serviços, iniciativas públicas reformularam seus procedimentos (INSS, concursos públicos, ENEM).

Tomo as vinhetas dos casos apresentados como exemplos de sujeitos do desempenho, como descritos por Byung-Chul Han (2017), sujeitos exauridos em um narcisismo que implode, de dentro pra fora, seja em apresentação deprimida, seja em sintomas físicos de corpo-mente levados à exaustão ou por uma atenção cooptada pelas redes sociais que funcionam como *doping* mental (doze horas sem saber o que viu no TikTok).

E nós, psicanalistas? Também sujeitos da pós-modernidade, alguns (como eu) *millennials*,[2] também usuários de redes sociais e carregados (por vontade própria ou não) para a hiperconectividade. Qual a externalidade necessária que nos cabe para que o método psicanalítico siga operando, sem, ao mesmo tempo, nos colocarmos de fora a ponto de não podermos nos conectar com o que nossos pacientes vivem e nos contam?

Não foi sem intencionalidade que apresentei a primeira vinheta do próprio psicanalista e, em seguida, as de alguns pacientes, considerando que nós analistas não fugimos às imposições histórico-culturais de nosso tempo, por mais que, tradicionalmente, psicanalistas

---

[2] A geração Y, também chamada geração do milênio, geração da internet (do inglês: *millennials*), é um conceito em sociologia que se refere à corte dos nascidos após o início da década de 1980 até, aproximadamente, o final do século (Wikipedia).

tenham se esforçado para apresentar-se numa externalidade artificial, com o objetivo de uma suposta neutralidade analítica. Se antes de existirem redes sociais alguma privacidade em relação a dados biográficos era possível, isso se apresenta de maneira muito diferente atualmente, com o acesso que temos a informações disponíveis na internet. Não faz muito tempo que psicanalistas não davam recibos do dinheiro recebido por seu trabalho (como se supostamente estivessem de fora do mercado de trabalho e das leis fiscais nacionais) ou seguiam um calendário compartilhado. Lembro-me que certa vez meu analista disse que trabalharia em determinado feriado, e me vi pensando: será que ele acha que não mora no mesmo país que eu?

Alguma parede, ilusória ou real, foi demolida com a pandemia, e, como numa diáspora invisível, duplas analíticas se mudaram de uma sala concreta para o espaço virtual, vimos quartos diferentes através da câmera, de onde nossos analistas nos atenderam, ouvimos outros ruídos, vimos a resistência ou a naturalidade com o novo formato de trabalho, experienciamos – junto a nossos pacientes – a vida acontecer num único espaço; algumas pessoas dormiam, trabalhavam e voltavam a dormir no mesmo cômodo, ao mesmo tempo que estavam conectadas a tudo e a qualquer conteúdo que desejassem acessar, cursos dos mais variados, *lives* de todos os temas, música, infindáveis séries, pessoas se sentindo muito sozinhas, outras, sem um minuto de tempo ou um cômodo de espaço para a solidão. Do lado de fora, o medo da morte. Ruas vazias, cidades mais silenciosas.

Suponho que uma situação de tal magnitude de ruptura com a normalidade das coisas seja um trauma social lento para se assimilar. Sem cair num maniqueísmo tolo, a mudança de *setting* do presencial para o remoto trouxe ganhos e perdas, a serem largamente discutidos por anos afora. Como foi importante seguirmos com nossos pacientes em um momento tão sensível; como tivemos a oportunidade de, passado o primeiro "susto" de localizar-se na nova situação, recuperarmos nossa capacidade de escuta e atualizar no aqui e agora a percepção de que cada paciente vive e lê uma mesma situação externa comum com as lentes da própria subjetividade, uns satisfeitos por poder ficar mais com os filhos em casa, outros com relacionamentos acentuadamente difíceis num ambiente de confinamento. Algumas famílias se distanciando por longos períodos, outras estreitando relações com o mundo de fora em pausa. Pacientes que retornaram à análise por entenderem que não precisavam interrompê-la por estarem em outra cidade, o cansaço das horas em frente à tela, interpretações mais ousadas por não ter o corpo na cena, experiências de esmorecimento do vínculo sem os corpos presentes. Pessoalmente, considerei proveitoso voltar aos atendimentos presenciais, como se os corpos em cena e o espaço físico voltassem a ser instrumentos que, anteriormente, não calculávamos qual medida de participação no campo teriam.

A pandemia começou em 2020 e carregou todos para o universo do trabalho remoto e, assim, para o mundo virtual: profissionais de 80 anos e *millenials*, e, em breve, estará chegando para a formação a geração nascida na segunda metade da década de 1990, chamados geração Z, nativos digitais – nativos que já são nossos pacientes – a trazerem notícias de um admirável mundo novo, por vezes, difícil de acessar por uma questão própria da diferença geracional.

Depois da pandemia, passamos todos a estar hiperconectados, os nativos e os imigrantes digitais (Prensky, 2001).

Hiperconectividade

O termo hiperconectividade carrega um sentido mais imediato e outro não tão evidente. O primeiro refere-se à presença do usuário na rede, podendo ser acessado a qualquer momento e estando disponível para se engajar em alguma atividade online, seja responder o WhatsApp, fazer uma compra ou rolar o *feed*[3] de uma rede social. Esse primeiro sentido é mais acessível por nossas próprias atitudes, já que inclui uma escolha "voluntária" (aqui cabem discussões a respeito da livre escolha em estar conectado) de acessar qualquer coisa na internet. O segundo sentido do termo pode ser menos evidente à apreensão consciente, pois refere-se à comunicação entre dispositivos ou entre indivíduos e máquinas. Sigamos com as palavras de Magrani (2019):

> *O termo hiperconectividade foi cunhado inicialmente para descrever o estado de disponibilidade dos indivíduos para se comunicar a qualquer momento. Esse termo possui alguns desdobramentos importantes. Podemos citar alguns deles: o conceito de always-on, estado em que as pessoas estão conectadas a todo o momento; a possibilidade de estar prontamente acessível (readily accessible); a riqueza de informações; a interatividade; e o armazenamento ininterrupto de dados (always recording). O termo hiperconectividade encontra-se hoje atrelado às comunicações entre indivíduos (person-to-person, P2P), indivíduos e máquina (human-to-machine, H2M) e entre máquinas (machine-to-machine, M2M), valendo-se, para tanto, de diferentes meios de comunicação. Há, neste contexto, um fluxo contínuo de informações e uma massiva produção de dados. (pp. 20-21)*

[3] O termo *feed* vem de *web feed*, traduzível como fluxo web, um fluxo de conteúdo que permite rolagem. O termo é usado para designar páginas de conteúdo nas redes sociais.

Quando escolhemos olhar o celular para ver se há alguma mensagem no WhatsApp, podemos considerar estarmos em um âmbito de experiência em que um sujeito humano usa da sua escolha tão consciente quanto possível para usar das facilidades oferecidas por uma máquina. Nessa cena, o sujeito obtém vantagem do uso da tecnologia – era assim com a luz elétrica, com o automóvel e o telefone.

Outro cenário, bem diferente, inclui situações que se assemelham a filmes de ficção científica, mas que já são realidade, como brinquedos com microfones transmitindo informações do usuário (criança) para empresas terceiras. Mais que vender informações que não escolhemos voluntariamente oferecer, os assistentes pessoais, como a Alexa (da Amazon), e dispositivos vestíveis (internet das coisas), como tênis e relógios, usam as informações colhidas para fins alheios ao interesse do usuário, legalmente protegidos por aqueles termos de uso (que ninguém lê) nos quais clicamos: "eu aceito", "estou de acordo".

Os batimentos cardíacos captados por relógios com sensores e a quantidade de passos que o usuário dá durante o dia serão utilizados para vender mais produtos, e talvez também para entregar soluções digitais em saúde (em breve, possivelmente seu médico receberá informações dos seus dispositivos vestíveis). Quanto mais informação disponível na web, mais apurados serão esses cálculos algorítmicos. Simplificando muito, a estratégia é obter a maior quantidade de dados possível. Como se faz isso? Com mais tempo de tela e engajamento do usuário.

Exemplificando, quanto maior o número de pesquisas que uma pessoa faz no Google, mais o Google aprende sobre seus interesses e, assim, é capaz de entregar propagandas mais direcionadas e específicas (com maior chance de compra). Quanto mais tempo no TikTok, mais o TikTok aprende a seu respeito – quais vídeos você assiste até o fim, quais compartilha, quais nem vê, quais perfis segue – e te oferece conteúdo relevante de volta, além de vender essas informações para quaisquer usos que o mercado tenha interesse: eleger presidentes, vender pasta de dente ou interligar os dados disponíveis na criação de um metaverso (um tipo de mundo virtual que tenta replicar a realidade por meio de dispositivos digitais). Nesse cenário, já não temos mais clareza de quem está usando quem.

No popular documentário *O dilema das redes*, disponibilizado pela Netflix em 2020, há um chiste que diz: os únicos dois mercados cujos clientes são chamados de usuários são o das drogas e o da internet.

Pois bem, e como a psicanálise se relaciona com TikTok, metaverso e algoritmos?

A hiperconectividade como cotidiano (Teoria dos Campos)

Fabio Herrmann (2001) diz que muito mais se escreve sobre o tratamento analítico que sobre o humanístico dia a dia, e que sua obra pretendia analisar as regras de constituição do cotidiano, pois a psique, o objeto da psicanálise, ocorre essencialmente na vida cotidiana dos homens, e que voltar ao cotidiano é voltar à casa paterna (p. 9).

Tomemos, então, o fato de estarmos todos, pacientes e analistas, hiperconectados, como o humanístico dia a dia, e investiguemos as regras que constituem esse cotidiano. Minerbo (1993) nos auxilia a entender Herrmann; a autora diz:

> *Ao postular a ideia de campo de uma relação (inconsciente relativo), o referencial meta-teórico que utiliza-*

> *mos permite instrumentar o método psicanalítico de modo que seja possível não apenas a psicanálise de pacientes, mas também psicanálises dos mais variados "tecidos" psíquicos que podem então ser estudados. (p. 247)*

Seguimos pelas ideias de Herrmann, nas palavras de Minerbo, e tomemos a experiência da hiperconectividade enquanto um tecido que justifica o olhar psicanalítico para "o processo incessante de produção de sentido psíquico no mundo" (Herrmann, 2001, p. 34).

A Teoria dos Campos, desenvolvida por Fabio Herrmann, propõe superar a divisão entre a fantasia interna e a realidade externa. Segundo o autor, a psique do real consiste em um conjunto de pressupostos inconscientes que molda as possíveis formas de ser em determinada época. De acordo com essa perspectiva, o inconsciente individual não difere do inconsciente coletivo da época em que está inserido. Realidade e identidade são conceitos interligados, em que a realidade se refere à representação do mundo que afeta o sujeito, e a identidade é a representação do sujeito para si mesmo.

O real, como produtor de significados, é inacessível diretamente e só pode ser compreendido "na atividade de seus campos específicos, ou seja, na medida em que estabelece formas de relação específicas, lhes atribui significado e as faz funcionar... o cotidiano é o lugar onde o real se transforma em realidade" (Herrmann, 2001, p. 34).

Dessa forma, não existe nenhuma representação da realidade que exclua a sua base fundamental; por exemplo, não é possível ter um objeto de plástico sem levar em consideração a extração do petróleo, a máquina que o produz e o sistema de mercado que o leva até nossas casas. Nesse sentido, o autor afirma que qualquer conjunto de relações capaz de estabelecer uma realidade abrangente é configurado como cotidiano, no qual cada parte do cotidiano também é o todo. Assim, podemos explorar e descobrir a realidade em qualquer lugar, confiantes de que encontraremos um campo de realidade e um campo do real (Herrmann, 2001, p. 36).

Esse cotidiano pressupõe a existência de um campo do real que o produz e sustenta; no entanto, essas relações e significados não são transparentes ou evidentes, sendo revelados somente por meio de suas representações.

Herrmann destaca o perigo de criarmos cotidianos que possam ser analisados psicanaliticamente, ou seja, interpretarmos partes do mundo de acordo com nossas teorias. A respeito dessa ressalva, observo como se faz necessária a proposta que Herrmann defende a respeito do método psicanalítico: em contraposição às teorias, que podem mudar e até tornar-se obsoletas, o método segue operando apesar das diferenças de tempo e de espaço.

De forma semelhante a como Herrmann exemplifica que nenhum pedaço de plástico (representação da realidade) exclui sua matriz – extração, produção e distribuição –, é possível considerar que de nenhum sujeito contemporâneo com acesso à internet, em especial os nativos digitais, seja possível excluir essa matriz da hiperconexão. Difícil seria entender um paciente de 14 anos que passa doze horas no TikTok sem considerar que esse sujeito está agindo de acordo com uma determinada lógica que o abarca. Uma lógica econômica que se abastece de tempo de tela e que emprega significativos recursos financeiros para alcançar esse objetivo, e que, sendo configurada dessa maneira, vai criar sofrimentos psíquicos próprios de seu tecido, modificando a economia da atenção.

Byung-Chul Han, filósofo de origem coreana, professor da Universidade de Artes de Berlim, parece despontar como uma voz interessante para se pensar essas novas configurações de sofrimento psíquico próprios da era da hiperconectividade.

O cansaço como novo mal-estar

Byung-Chul Han postula que os sofrimentos psíquicos atuais se referem menos às consequências de uma psique e uma cultura repressora e mais ao inverso disso, uma sociedade da transparência, para usar outro conceito do mesmo autor (em *A sociedade da transparência*, 2017b).

> *A sociedade disciplinar é uma sociedade da negatividade. É determinada pela negatividade da proibição... No lugar da proibição, mandamento ou lei, entram projeto, iniciativa e motivação. A sociedade disciplinar ainda está dominada pelo não. Sua negatividade gera loucos e delinquentes. A sociedade do desempenho, ao contrário, produz depressivos e fracassados. (pp. 24-25)*

Byung-Chul Han diz que "a psicanálise não oferece nenhum acesso a elas" (2017a, p. 88), referindo-se ao que chama de "doenças psíquicas de hoje, tais como depressão, *burnout*, déficit de atenção". Ouso discordar do filósofo coreano; apesar de compreender bem o seu ponto, parece-me que Byung-Chul Han faz uma afirmação tão contundente apoiando sua análise exclusivamente nas teorias metapsicológicas da psicanálise, e não no método, como proposto por Herrmann.

É verdade que alguns pacientes que nos chegam deprimidos agora, mais de cem anos depois da publicação de *Luto e melancolia*, de 1915, não nos parecem caber nas teorizações de Freud. Seguimos com o argumento de Byung-Chul Han, que, apesar de pouco distendido em seu texto, parece calar profundamente com a experiência clínica que encontramos no consultório hoje. Ele diz:

> *Freud concebe a melancolia como uma relação destrutiva com aquele outro, que foi internalizada como parte do si-mesmo... Mas não há nenhuma relação conflitiva, ambivalente com o outro, que tenha se perdido, que preceda a enfermidade depressiva do sujeito de desempenho atual. Ali não há qualquer participação da dimensão do outro. O responsável pela depressão, na qual acaba desembocando o burnout, é antes de mais nada a autorrelação sobre-exaltada, sobremodulada, narcisista, que acaba adotando traços depressivos. O sujeito do desempenho esgotado, depressivo está, de certo modo, desgastado consigo mesmo... Totalmente incapaz de sair de si, estar lá fora, de confiar no outro, no mundo, fica se remoendo, o que paradoxalmente acaba levando à autoerosão e ao esvaziamento. (2017a, pp. 90-91)*

Talvez o paciente deprimido de hoje refira-se menos a estar submetido à sombra do objeto perdido e mais a essa implosão narcísica com pouca entrada do outro. Byung-Chul Han lança luz sobre um tipo de sintomatologia própria de sua época, o que não exclui a potência do método psicanalítico (mesmo que algumas teorizações sejam datadas).

O *burnout*, com seu conjunto de sintomas mais físicos que mentais, apresentados em sujeitos deprimidos, com dores dispersas pelo corpo, insônia, abuso de álcool e atenção difusa, parece ser atividade do real agindo no campo particular das relações de trabalho, com as características do tempo próprio da hiperconectividade, no qual o sujeito do cansaço se exaure em entrega supostamente voluntária, cooptado pelos tecidos de uma sociedade que promete fortuna e felicidade àqueles que se oferecem em sacrifício aos ideais da meritocracia e dos empreendedores de si mesmos.

Seguindo com as ideias de Byung-Chul Han, o homem depressivo se livrou das amarras da coerção externa e se tornou explorador de si mesmo. Se o autor coreano escreveu isso em 2017, a pandemia parece ter acelerado esse processo a uma velocidade não prevista. Não acredito que haja um psicanalista que não tenha presenciado, com seus pacientes e em si próprio, o aumento das horas laborais com a transposição para o modelo de trabalho remoto. Se antes da pandemia os deslocamentos espaço-temporais marcavam separações e atribuíam barreiras a essa lógica, o novo modelo parece ter funcionado com a potência de um tsunami, no qual mensagens de WhatsApp passaram a invadir noites, madrugadas, finais de semana e férias. "O homem depressivo é aquele animal laborans que explora a si mesmo e, quiçá, deliberadamente, sem qualquer coação externa" (p. 28).

Finalizando

Byung-Chul Han não usa o termo hiperconectividade, mas fala em transparência, em excesso de positividade, em vivermos num mundo pobre em entremeios, usa de significantes poéticos para contar da atividade do real em nosso cotidiano. Larry Page, um dos fundadores do Google, em 2001, frente à pergunta "O que é o Google?" diz: "Se tivéssemos que nos encaixar numa categoria, seria *informação pessoal* . . . Pessoas irão gerar enormes quantidades de dados... Tudo o que você algum dia ouviu ou viu ou vivenciou se tornará pesquisável. A sua vida inteira será pesquisável" (Zuboff, 2019, pp. 119-120).

É certo que este texto é inicial e não tem pretensão de encerrar as questões levantadas, mas antes apontar para um fio de conexão entre esse novo tecido cotidiano da hiperconectividade e as apresentações de sofrimento psíquico que encontramos nos consultórios. Se há cem anos era necessário desvelar sentidos, hospedar desejos, atualmente a psicanálise pode ser uma arma vigorosa ao apontar para a falta de sombra que a sociedade da transparência traz, para o sujeito que se extingue em oferenda a algum ideal de sucesso e perfeição. O mundo pode estar diferente, mas o método segue operando.

Referências

Han, B.-C. (2017a). *A sociedade do cansaço*. (E. P. Giachini, Trad.). Vozes.

Han, B.-C. (2017b). *A sociedade da transparência*. (E. P. Giachini, Trad.). Vozes.

Herrmann, F. (2001). *Andaimes do real: psicanálise do quotidiano*. Casa do psicólogo.

Magrani, E. (2019). *Entre dados e robôs:* ética *e privacidade na era da hiperconectividade* (2 ed.). Arquipélago.

Minerbo, M. (1993). Intimidade e formas de intimidade: da escuta à teorização. *Revista Brasileira de Psicanálise*, *27*(2), pp. 223-248.

Prensky, M. (2001). Digital Natives, Digital Immigrants. *On the Horizon*, *9*(5), pp. 1-7.

Rhodes, L. (Produtora), Orlowski, J. (Diretor). (2020). *O dilema das redes*. Netflix.

Zuboff, S. (2019). O fosso ao redor do castelo. In S. Zuboff, *A era do capitalismo de vigilância* (pp. 119-152). Intrínseca.

7. Podcast *Lá fora: coisas do mundo atual pelo olhar da psicanálise*

Este texto é o relato de uma experiência vivida a seis mãos e três bocas, realizada por mim, pelo psiquiatra e psicanalista Pedro Colli Badino de Souza Leite e pela psiquiatra e psicanalista Vanessa Figueiredo Corrêa. Eu, Pedro e Vanessa somos analistas *millennials*, fizemos a formação na Sociedade Brasileira de Psicanálise de São Paulo (SBPSP) e tínhamos questões semelhantes, no sentido de ansiar por uma psicanálise mais encarnada no mundo, mais próxima e acessível das pessoas para fora do consultório.

Como produto de tais inquietações, surgiu a ideia de um podcast que se esforçasse por traduzir conceitos teóricos em linguagem mais acessível, para que não apenas pessoas ligadas a área psi pudessem participar da conversa. O formato de mídia podcast é relativamente novo, ou pelo menos é nova a sua popularização. Diferentemente da leitura, ouvir podcasts parece se encaixar bem em rotinas apressadas, visto o fato de que os episódios podem ser escutados enquanto se dirige, arruma-se a casa ou faz-se exercício. Sem deixar de levantar questões a respeito dessa utilização "hiperprodutiva" do tempo, usamos esse formato de mídia como um meio a partir do qual é possível romper a bolha de iniciados em temas psis e alcançar novas e interessadas escutas.

Os episódios do *Lá fora* são lançados semanalmente desde agosto de 2022 e têm como intuito usar o ferramental teórico psicanalítico para tratar de questões da cultura e tornar mais acessível o contato com questões clínicas, fazendo um esforço de linguagem para que esta seja ao mesmo tempo consistente e não hermética, apenas para iniciados em leituras teóricas da área.

Alguns dos temas abordados pelo podcast entre agosto de 2022 e março de 2023 foram: o amor, o luto, o fim da análise, *coaches* de masculinidade, a série *The Handmaid's Tale* (Hulu), a traição da Shakira, o corpo, o envelhecimento, a violência da sexualidade, o chat GPT, silêncios na análise, Carnaval, *ghosting*, documentário dos Racionais MC's, Natal, Copa do Mundo, o lugar do pai, sonhos, eleições, a série *Dahmer*, *fake news*, crianças e tecnologia, por que as pessoas entram em seitas e a crise de confiança na realidade.

Antes de iniciarmos o podcast, refletimos e ponderamos sobre alguns pontos importantes a respeito de falar fora do consultório e de eventos científicos entre psicanalistas. Estaríamos nos expondo de forma a atrapalhar o processo analítico de nossos pacientes? Para publicizar o podcast, precisamos deixar nossos perfis no Instagram abertos, para que as pessoas conheçam quem somos? Falamos sobre pacientes nos episódios? De que maneira?

Se a pandemia deixou os psicanalistas sem escolha em relação a estarem ou não no mundo digital, fazer um podcast nos parece um passo além no sentido da exposição que esse espaço pode produzir.

Os episódios costumam contar com uma narrativa fluida e bastante improvisada, na qual cada um dos participantes fala o que lhe vem à cabeça com relação ao tema, e as associações com casos clínicos, filmes, livros, músicas, poesia costumam surgir a partir dessa abertura. Por vezes, partimos de um livro em específico, em alguns episódios conversamos sobre alguma série em especial, mas no geral confiamos no que a biblioteca pessoal de cada um vai mostrar em conexão com o tema discutido. Seria uma espécie de associação livre em grupo disparada por uma provocação temática inicial.

Quando citamos algum caso clínico, tomamos o cuidado de mudar dados biográficos, à semelhança com o que fazemos em textos escritos: mudamos gênero, idade, algum outro elemento que disfarce o paciente, dificultando sua identificação; em geral, não comentamos casos atuais, usamos outros mais antigos que já não estão mais em análise.

Em relação a informações pessoais dos apresentadores, costumamos falar a respeito de dados biográficos com tranquilidade, como idade de filhos, onde estudou, do que gosta, cientes de que tais informações deixaram de ser confidenciais como eram na era pré-redes sociais e internet.

Certa vez, em um jantar, em 2012, um amigo jornalista comentava a respeito do fenômeno de as pessoas enviarem nudes (fotos íntimas). Nesse momento, os celulares começavam a ter câmeras melhores; no início, a qualidade dessas câmeras em celulares era tão ruim que ninguém as utilizava. Nessa época, primeira década dos anos 2000, havia discussões, notícias de suicídio decorrente de situações nas quais as pessoas gravavam uma cena de sexo ou enviavam uma foto íntima a alguém e essa foto ou vídeo "vazava", isto é, era compartilhado por muitas pessoas, expondo uma intimidade que supostamente não era para vir a público (discorro sobre um caso em específico no Capítulo 4). Comentando a respeito dessa situação, um amigo falou: "e se daqui a alguns anos todas as pessoas tiverem nudes vazados, todas as pessoas jovens um dia terão enviados fotos para alguém, isso não será mais uma questão".

Na série *Euphoria*, lançada em 2019 pela HBO, uma personagem adolescente diz que, na primeira vez que teve um vídeo íntimo vazado, teve uma crise de ansiedade; nas seguintes, só pensou que tinha saído com um cara idiota. A rapidez com que um comportamento antes tido como absurdo, vergonhoso, humilhante é assimilado pela cultura é vertiginosa. Fazendo uma analogia não inocente entre "vazamento de nudes" e psicanalistas fazendo um podcast, refletimos: e se não for mais um absurdo que psicanalistas sejam vistos como pessoas normais? Com dados biográficos disponíveis assim como outras pessoas?

Atenção para o fato de que falar em um podcast não significa desnudar a alma e fazer no espaço público digital um confessionário de fantasias e angústias íntimas. Há pessoas que se expõem dessa maneira na internet, mas não é esse o desejo do podcast: mantemos as roupas vestidas, sentamo-nos à mesa para conversar através dos fones de ouvido, em situação de mais horizontalidade com quem nos ouve, o que não significa fazer isso na sala de análise com nossos pacientes.

Pessoalmente, tenho o podcast *Lá fora* como uma extensão lógica das reflexões deste livro, um desdobramento não apenas teórico, mas encarnado no lá fora da cultura em termos de tempo (episódios semanais que, por vezes, abordam temas relevantes na cultura daquela semana), de linguagem e de formato de mídia. A troca com os colegas Pedro e Vanessa e com quem nos escuta e nos escreve pelo Instagram tem sido uma confirmação da vitalidade do pensamento psicanalítico encarnada no aqui e agora da cultura.

O podcast *Lá fora* está disponível no Spotify.

8. Notas psicanalíticas sobre a relação entre o sujeito e o mundo digital, sobrevoo por uma década

O sem precedentes (a casa explodiu)

No livro *Capitalismo de vigilância*, Zuboff (2019) descreve um episódio no qual sua casa foi atingida por um raio. Após alguns minutos, uma espessa fumaça subiu pela escada, vinda do andar inferior; enquanto ligava para os bombeiros, ela conta que acreditou ter tempo de fechar algumas portas, para que a fumaça não invadisse outros cômodos. "A fumaça extava prestes a me envolver quando um bombeiro chegou, agarrou-me pelo ombro e me forçou a sair. Ficamos ali, parados na chuva, e de lá, para nosso estarrecimento, assistimos à nossa casa explodir" (2018, p. 24).

Esse episódio, que inaugura uma base fundamental para a teorização da autora ao longo das oitocentas páginas seguintes de seu livro, faz lembrar uma história contada e recontada em aulas de história na escola, na qual o professor dizia que os povos originários não viram as caravelas se aproximando da praia no momento da chegada dos portugueses ao Brasil.

A casa que explode e a história de que os nativos brasileiros não enxergavam as caravelas se aproximando nos contam sobre a irreconhecibilidade do fenômeno sem precedentes.

Apesar de ter encontrado a leitura de Zuboff apenas recentemente, acredito que sempre esteve presente em mim a necessidade de colocar o arsenal teórico da psicanálise para trabalhar no campo relacional do sujeito com o mundo digital com ressalvas, com perguntas, evidenciando dúvidas de se o que tínhamos em mãos, em termos de estratégia de compreensão, serviria ou não para o sem precedentes desse novo tipo de relação, tendo em vista que, se usarmos o velho e conhecido "fechar a porta" para enfrentar o "sem precedentes", no mínimo incorreríamos em equivalências fáceis (isto é igual àquilo) e deixaríamos de lado o que foge à nossa compreensão prévia.

Em seu livro, Zuboff descreve o que ela cunha como capitalismo de vigilância para descrever o tipo de negócio que Google, Amazon e Meta fazem, que vai muito além de vender dispositivos, conectar pessoas ou ser uma plataforma de busca. Em 2001, Larry Page, um dos fundadores do Google, ao ser questionado sobre o que é o Google, respondeu: "Se tivéssemos que nos encaixar em uma categoria, seria informação pessoal... As pessoas irão gerar grandes quantidades de dados... Tudo o que você já ouviu, viu ou experimentou será pesquisável. Sua vida inteira será pesquisável" (Zuboff, 2009, pp. 119-120).

Pois bem, Zuboff parte da história da casa pegando fogo para iniciar suas reflexões a respeito do que se trata esse novo tipo de negócio na internet e define, de saída, a necessidade de se criar uma linguagem, um novo léxico para dar conta de um fenômeno sem precedentes.

Foi nesse ponto, pensando quanto de uma teoria proposta no início do século XX, em um mundo tão diferente daquele em que vivemos hoje, seria ferramental útil para arar a terra do agora, que encontrei a proposta de método de Fabio Herrmann.

O psicanalista paulistano nos atenta ao risco de criarmos recortes psicanalisáveis que caibam confortavelmente dentro das teorias existentes e constata que voltar nosso olhar à vida cotidiana significa voltar à casa paterna (freudiana), certos de que, "podemos cavar nossos poços de prospecção onde quer que nos apeteça, certos de encontrar uma jazida de realidade e um campo do real" (Herrmann, 2001, pg. 36).

Pois bem, cavemos nossos poços de prospecção onde quer que nos apeteça, seja na nossa relação, sujeitos da contemporaneidade, com as redes sociais, no fenômeno (recente) de compartilhamento de fotos e vídeos íntimos na internet, nos novos personagens de poder, os influenciadores digitais, nas análises online e, por que não, no clássico sofrimento que nos apresentam os pacientes dentro do consultório.

Seguindo o pensamento de Herrmann (2001), para escutar os pacientes em nossos divãs, ou pelo fone do celular, é necessário que lancemos nosso olhar sobre esse campo do real que produz e sustenta realidades e identidades. Um paciente de 14 anos me conta, em sessão, que ficou surpreso pois instalara um aplicativo de controle de tempo em seu celular, cuja finalidade era apontar a quantidade de horas que o usuário passa em cada rede social. O paciente diz, genuinamente espantado: "tá mostrando aqui que ontem eu passei 12 horas no TikTok, mas isso não é possível, ontem eu fui na escola". Pergunto em seguida: "12 horas? E o que você viu?", "não lembro", responde ele.

A coautoria na internet

Quando o Capítulo 1 deste livro, "Viver conectado, subjetividade no mundo contemporâneo", foi publicado pela primeira vez, em 2013, refleti a respeito dos meios técnicos, culturais e inconscientes pelos quais a nova situação de compartilhar informação online começava a acontecer. A internet já era usada para fins comerciais e civis, como troca de e-mails e acesso a sites de pesquisas, desde o fim da década de 1990, mas as plataformas com conteúdo gerado pelo usuário eram relativamente recentes dez anos atrás. Esses sites, aplicativos e soluções são todos aqueles alimentados pelos próprios usuários, como é o caso da Wikipédia, de aplicativos de trânsito – nos quais os usuários informam em tempo real a respeito de engarrafamentos e acidentes – e de todas as redes sociais, como Facebook, Instagram, YouTube, Twitter e, mais recentemente, o TikTok (lançado no Brasil em 2016), sendo este o aplicativo de rede social que cresceu mais rápido em número de downloads e em tempo de permanência dos usuários no Brasil.

Nesse primeiro capítulo, também descrevo o cenário no qual o espectador – assim era chamado quem assistia à televisão – sai de uma posição passiva, na qual recebe conteúdo, para uma ativa, na qual é também autor de um novo panorama de mídia. Sigo desenvolvendo esse argumento do Capítulo 5, "A questão do íntimo na internet: youtubers como psicanálise do cotidiano", para refletir a respeito da coautoria na internet. Para tanto, convido à mesa de conversa Pierre Lévy.

Lévy é um filósofo, sociólogo e pesquisador de ciência da informação e comunicação que se dedica a estudar o impacto da internet na sociedade, as humanidades digitais e o conceito do virtual. Em seu livro *O que é o virtual*, publicado em 1995, Lévy afirma que a internet é um objeto comum e dinâmico, construído e alimentado por todos os seus usuários, rejeitando a noção simplista e equivocada de que ela é "anarquista" (1995/1999, p. 128).

O autor propõe que o conteúdo presente na internet, seja em forma de texto ou ampliado aqui para incluir outros tipos de conteúdo, como narrativas com imagens ou vídeos, representa uma matriz de textos em potencial. Isso ocorre porque a plataforma permite que o leitor participe ativamente na cocriação desse conteúdo: "toda leitura em computador é uma edição, uma montagem singular" (1995/1999, p. 41).

Dessa forma, ao interpretar e atribuir significado, o leitor ou seguidor desencadeia uma série de atualizações possíveis no conteúdo. Ao interagir com ele, o usuário cria uma paisagem semântica móvel e acidentada, superando as páginas vazias, e pode percorrer caminhos diferentes, estabelecer conexões não convencionais e, assim, dar origem a outras geografias semânticas.

Lévy escreveu isso em 1995, e não poderia ser mais atual. O caráter sedutor da internet enquanto linguagem coescrita com atualizações individuais compilando o caldo cultural no qual estamos todos presentes ganha luz sob as palavras do autor. No TikTok, é comum que os usuários editem e recriem vídeos a partir de vídeos e áudios prévios de outros usuários. Essa cocriação coletiva parece ilustrar essas redes clandestinas inéditas, como descreve Lévy, criando uma espécie de jogo do rabisco com instrumentos técnicos digitais de edição além do papel e do lápis, como fazia Winnicott.

Somos todos coautores dessa nova mídia: são nossos memes, fotos, textos, memórias e posts que fazem a internet ser um ambiente virtual infinito (*feeds* e redes sociais são potencialmente infinitos) e sedutor, diferente das mídias tradicionais, que ficavam sob a autoria de profissionais, jornalistas, redatores e roteiristas.

Lévy é (ou foi) um otimista a respeito da possibilidade de coautoria do texto virtual. Esse cenário não nos parece tão interessante quando pensamos que é precisamente essa característica de coautoria coletiva o que possibilita a criação e a disseminação das *fake news*, por exemplo.

Sob o signo do espetáculo

Um ponto interessante para se observar o compartilhamento de informação online é refletir a partir de quais signos esse fenômeno acontece. Quais são as características culturais de nossa época a arar a terra para que as redes sociais prosperem de maneira tão eficiente quanto o fazem?

Segundo levantamento da Comscore (empresa norte-americana de análise de publicidade na internet), o Brasil é o terceiro maior consumidor de redes sociais no mundo, com 131,5 milhões de pessoas conectadas no ano de 2022. Os brasileiros passam uma média de 46 horas por mês em redes sociais, o que representa um aumento de 31% em relação a janeiro de 2020 (de acordo com reportagem da Forbes de março de 2023)[1].

Afirmar que todas as redes sociais são iguais é incorreto: cada uma guarda certa particularidade, que me parece ser resultado de uma composição sobredeterminada de fatores técnicos (de que maneira o *software* foi programado, as ferramentas disponíveis naquela plataforma, como o algoritmo funciona) e outros socioculturais.

O Facebook foi abandonado no Brasil, nos últimos anos, pelas gerações mais novas (geração Z). O Instagram veicula grande quantidade de anúncios pagos, e seus usuários passaram a usar mais a ferramenta *stories* do que os posts fixos, no geral postando fotos da vida pessoal com ou sem os filtros que o aplicativo criou. O Twitter guarda uma característica de debates políticos e é comum haver comentários carregados de agressividade e violência. O TikTok, ainda agora (março de 2023), é uma plataforma pouco utilizada pela geração adulta com mais de 40 anos. Seus

---

1 https://forbes.com.br/forbes-tech/2023/03/brasil-e-o-terceiro-pais-que--mais-consome-redes-sociais-em-todo-o-mundo/.

usuários se apresentam como artistas na edição de vídeos (dada a funcionalidade da plataforma se dedicar a ferramentas de edição) e na contação de histórias, sejam elas sobre culinária, humor, decoração, reforma, moda, dicas de viagem etc. O TikTok parece ser uma plataforma privilegiada em servir como vitrine aos "talentos" de seus usuários, coreografias, músicas, esportes etc. É importante registrar que a forma como os usuários usam (e abandonam) uma rede social parece um movimento orgânico vivo e difícil de prever.

No entanto, apesar das características singulares de funcionalidade e ocupação das redes sociais, Debord nos auxilia a pensar uma linha em comum dessa linguagem, que é a do espetáculo.

Segundo Guy Debord, escritor e sociólogo francês relevante no movimento de maio de 1968, vivemos um momento histórico que pode ser denominado como sociedade do espetáculo, isso dito pelo autor em 1967. Segundo ele, o espetáculo não é um conjunto de imagens, mas uma relação social entre pessoas mediatizada por imagens.

De acordo com o autor, o espetáculo se apresenta como algo grandioso, positivo, inquestionável e inacessível. Sua única mensagem é "o que aparece é bom e o que é bom aparece". A atitude exigida diante dele é uma aceitação passiva, pois o espetáculo possui o monopólio da aparência, não permitindo réplicas. Sua finalidade é apenas a autossustentação (Debord, 1967/1997).

A máxima "o que aparece é bom" reflete a ideia central de que não é necessário ser bom para ser visto, não há uma qualidade positiva anterior ao espetáculo, pois a própria aparência é o espetáculo. Um produto cultural que nos auxilia a entender essa teorização são os *reality shows*, como o Big Brother. Entre os participantes, não há ninguém que tenha sido escolhido pelo fato de possuir uma competência específica para um programa de televisão, como no molde da mídia tradicional, na qual os que apareciam eram atores, atrizes, jornalistas com treinamento específico para a mídia. Na sociedade do espetáculo, o espetacular é estar exposto.

Debord escreveu *A sociedade do espetáculo* em 1967, e é inegavelmente espetacular a escolha desse conceito e termo, considerando as consequências dessa ideia nos últimos quase sessenta anos, especialmente nas últimas décadas, com as redes sociais.

"Espetáculo", de acordo com o Dicionário Oxford, refere-se a qualquer apresentação pública de teatro, canto ou dança em um palco ou em praça pública, algo que chama e prende a atenção. Outras definições mencionam aspectos visuais e a busca pelo entretenimento e diversão. Embora inicialmente o conceito se referisse a performances artísticas, as redes sociais e a possibilidade de coautoria do texto na internet transformaram a todos em artistas dessa grande cena espetacular, que é a midiatização de nossas vidas online.

Um episódio fortuito surgido na ocasião da escrita deste capítulo, em meados de março de 2023, ganhou relevo em minha atenção flutuante dos fenômenos digitais, o da Ballerina Farm: Ballerina Farm é um perfil no TikTok, no Instagram e também um nome de uma marca de produtos. O que aconteceu em março de 2023 é que seguidores brasileiros "investigaram" a pessoa nesses perfis, ela se chama Hannah Neelemane, e passaram a atacá-la com comentários e ameaças de *unfollow* (deixar de seguir), que explicarei detalhadamente a seguir (Portalpopline, 2023).

É interessante observar as palavras utilizadas na nomeação dos fenômenos: se antes quem assistia a televisão, filmes, novelas e propagandas era tratado como espectador, atualmente quem assiste vídeos no TikTok e canais de YouTube é nomeado consumidor de conteúdo. A eleição desses significantes implica uma diferença na qualidade da relação entre o sujeito e o produto; se antes o espectador sentava-se na poltrona e recebia o que lhe era oferecido, tendo como máximo de controle a possibilidade de mudar de canal ou desligar a TV, agora o consumidor ganhou poderes e autoridade próprios de quem consome, de quem contrata um certo tipo de serviço e tem, portanto, os direitos garantidos de reclamação e possibilidade de devolução do produto – em termos atuais da relação com conteúdos e influenciadores, a possibilidade de cancelamento. Nesse jogo de relações, o espetáculo da própria vida, compartilhado via rede social, torna-se produto e mercadoria.

O que Baudrillard chamava de publicidade há quase três décadas, em seu livro *A Sociedade de Consumo* (1995) eram as peças publicitárias profissionais, que envolviam marcas, agências, atores, produtores, emissoras de TV e distribuidoras desse conteúdo. A internet e as redes sociais modificaram esse cenário, tornando cada usuário seu próprio agente, publicitário, redator, editor e distribuidor de conteúdo.

A sociedade de consumo, como é teorizada pelo sociólogo francês, vive do seu próprio mito e tem a si mesma como espelho e como meta. Alguns produtores de conteúdo online parecem especialistas em explicar essa ideia ao espetacularizarem a "vida comum", a "vida cotidiana" nos *stories* de cada dia.

Vamos, então, a um poço de prospecção de realidade, como nos incentiva Fabio Herrmann. Há um perfil no TikTok chamado Ballerina Farm, seguido por 5 milhões de usuários (em março de 2023); seus vídeos mostram, em sua maior parte, uma mulher (Hannah Neeleman) em cenas domésticas. A Ballerina Farm, que em português seria a "A Fazenda da Bailarina", apresenta uma moça loira, magra, de olhos azuis, mãe de 7 filhos, que mostra em seus vídeos uma rotina na fazenda. Ela arruma flores no balcão e cozinha com produtos que nunca parecem ter vindo de um supermercado. A estética desses vídeos não é a de receitas contemporâneas editada com rápida passagem de cenas, é idílica, uma mãe de cabelos longos, aparentemente sem maquiagem, com roupas amassadas de algodão, fazendo pão, lasanha, salsichas, manteiga e bolo com crianças ao seu redor em uma cozinha um pouco bagunçada.

Rolando o meu *feed* do TikTok, vez ou outra o algoritmo me apresenta esse perfil, e fico assistindo a Bailarina em sua fazenda, usando um vestido branco, com os cabelos amarrados de qualquer jeito, fazendo *mozzarella* a partir de leite que vem em uma leiteira de fazenda. Enquanto ela faz a receita, entram diferentes crianças na cena: um bebê comendo algo no balcão, uma menina maior que vem experimentar o preparo. Nada vem em embalagens, não existem marcas dos produtos utilizados nos vídeos. Ao final, o marido experimenta a comida da ocasião e faz uma expressão de satisfação. O vídeo foca em um cantinho da cozinha, um pedaço de balcão e parte do forno, como se quem assiste estivesse ali pertinho, recostado na cozinha, ao calor do forno aceso.

Pois bem: em certo momento, os usuários brasileiros começaram a comentar nos vídeos de Ballerina Farm dizendo que ela era uma enganadora, que se fazia de moça simples da fazenda quando na verdade era casada com um homem que pertence a uma família rica, sendo seu sogro o fundador da companhia aérea Azul (e de outras companhias aéreas).

Até aí, nada de novo no mundo digital: usuários amantes de um conteúdo se tornarem *haters*[2] e iniciarem um ataque em forma de comentários ou, pior para o criador de conteúdo, de abandono, deixando de seguir ou "cancelando" o perfil (criadores de conteúdo monetizam seu trabalho segundo o alcance de seu conteúdo, isto é, de acordo com o número de seguidores).

Como poço de prospecção onde podemos encontrar uma jazida de realidade e um campo do real, como nos sugere Herrmann, esse episódio de apaixonamento (5 milhões de seguidores) seguido

[2] *Hater* é a palavra que se usa para designar usuários que ofendem e atacam verbalmente alguém ou algum conteúdo online.

por um ataque furioso de raiva (alguns comentários diziam que Ballerina Farm veiculava uma mentira, que fazia um desserviço às mães, que se sentiam incompetentes por não conseguirem fazer o que ela mostrava em seus vídeos - receitas que exigem tempo e muitos passos -, cercada por crianças e bebês, aparentemente sozinha) pode nos ajudar a entender um pouco da relação sujeito e mundo digital, seus meios, métodos e consequências subjetivas. Seguindo a cautela que nos alerta Zuboff, tentemos descrever esse fenômeno sem precedentes, sendo cuidadosos para não invisibilizar aquilo que nossa experiência prévia desconhece.

Hannah Neeleman é uma mulher norte-americana, nascida em 1990, casada, mãe de sete filhos e criadora do perfil Ballerina Farm. Em seu canal, Hannah Neeleman é a Bailarina e é Fazendeira. O que os usuários estão consumindo ao assistirem aos vídeos de Hannah? Estão consumindo, como nos ensina Baudrillard, um tipo de imagem (de espetáculo, como nomeia Debord) que encerra em si um conjunto de valores, ideias e um certo tipo específico de estética.

A Bailarina, em sua fazenda, espetaculariza os ideais românticos e tradicionais do papel feminino enquanto mãe, esposa, cuidadora da casa e da alimentação da família. Cada cultura traz seus referenciais a esse respeito; quando vi os vídeos da Fazenda da Bailarina, reconheci na estética purista e idílica os livros de Laura Ingalls (coleção que li inteira na infância), escritora norte-americana nascida em 1867, que contava as aventuras de sua família no desbravamento do oeste norte-americano. Os livros eram compostos por capítulos e mais capítulos com relatos sobre construção de celeiros e cheiros açucarados de bolos assados no inverno. Nada se dizia sobre as agruras da vida nessa espécie de pré-civilização do oeste norte-americano no século XIX nem sobre violências vividas, seja no contato entre os homens, seja com a natureza. Os livros de Ingalls eram uma exaltação infantil sobre as belezas da disciplina, da família e do trabalho árduo. Onde existiam árvores e campinas (o título de um dos livros é *Uma casa na campina*, escrito em 1935), construíam-se casas, escolas, celeiros e igrejas. O pai cuidava do gado e cortava lenha, a mãe cozinhava desde o amanhecer, costurava e limpava, as crianças brincavam e tinham suas responsabilidades, a família prosperava.

Mesmo que no Brasil não tenhamos essa mitologia protestante dos pioneiros desbravadores da natureza e construtores da civilização, o espetáculo da Ballerina Farm conversa com desejos inconscientes infantis do seio bom, da mãe sempre terna, presente e amorosa, uma espécie de mãe ideal, mãe terra, ali, na palma da mão, no celular.

E o que causou revolta e ataques por parte dos seguidores do canal? A descoberta de que Ballerina Farm não está postando vídeos despretensiosos sobre sua rotina à *la* Laura Ingalls no século XIX. Ballerina Farm é uma marca, uma marca que vende produtos, e os vídeos do TikTok são suas peças publicitárias. Ballerina Farm é uma empresa que envia para todo o território norte-americano os produtos produzidos na fazenda, como queijos, sabonetes, bacon, pães, manteiga e carne.

Esse episódio de raiva e desilusão por parte dos consumidores das redes sociais de Ballerina Farm não tem nada de especial e único (essa situação ocorre com frequência, idealizações e desilusões com o que se vende como "autêntico" na internet), por isso mesmo merece ser observado como poço de prospecção do campo do real.

Os sujeitos da atualidade estão se relacionando com conteúdos digitais seduzidos pelo formato de mídia que convence (propositalmente) sobre a suposta autenticidade daquela imagem-espetáculo.

Ansiamos por crer no espetáculo e nos frustramos quando as luzes se acendem e a cortina se fecha. Ballerina Farm é uma empresa com uma proposta de marketing aguçada ao explorar o quanto a realidade urbana nos aparta da natureza e a satisfação que encontramos ao nos sentirmos reconectados com esse suposto paraíso perdido (da infância pessoal, da infância da civilização). Mas, provavelmente, Hannah Neeleman é também, em parte, de verdade a bailarina fazendeira; Hannah é formada em balé pela escola de arte Juilliard e escolheu viver e trabalhar em uma fazenda.

Reside nesse ponto a confusão propositalmente desenhada pelo universo online, argumento que desenvolvo no Capítulo 3 que merece ser retomado.

O deslizamento de mundos (entre o interno e o externo)

No Capítulo 3, "Mundo externo, mundo virtual, mundo interno: deslizamentos", discuto o que entendo ser uma característica própria do universo online, uma espécie de confusão de línguas entre o que é verdade no mundo externo compartilhado e o que é próprio do mundo interno. O consumo do produto: Ballerina Farm pode ser pensado como a realização de um desejo inconsciente em ter ou ser uma mãe ligada à natureza, corta essa cena de desejos inconscientes internos para a existência da pessoa jurídica desta empresa. Ballerina Farm é o quê? Realização de mãe idelizada ou empresária que paga impostos? A resposta mais próxima à realidade (e longe do desejo inconsciente) provavelmente seria: ela é as duas coisas.

Discuto, no capítulo mencionado, a característica do deslizamento de mundos e confusão de línguas, refletindo a respeito do compartilhamento de fotos e vídeos íntimos online, mas aqui proponho pensarmos em toda relação entre sujeito e mundo digital, seja ao compartilhar conteúdo, seja ao consumi-lo.

Trago, neste ponto, a contribuição de Marion Minerbo, analista paulistana e autora do prefácio deste livro. Minerbo, em um texto de

2013 a respeito de sexo virtual, diz que o sujeito que tira fotos e que as envia ou compartilha pode estar tanto brincando quanto atuando. Lembremos que brincar, do ponto de vista psicanalítico, encerra o trabalho de elaboração de fantasias eróticas e o resgate de aspectos cindidos do *self*; o brincar tende a integrar e interage com algum companheiro de brincadeiras. A atuação se dá na medida em que um sujeito regredido toma um objeto, na transferência, como prolongamento do *self*, com o objetivo de evacuar angústias narcísicas ou de colocar em cena a sexualidade infantil polimorfa-perversa.

Até aqui, nada de novo: para brincar ou atuar, as pessoas podem estar em diversos cenários. Mas há, sim, algo inédito acontecendo na relação entre o sujeito e a internet, pelo caráter híbrido próprio que o mundo virtual possibilita. Quando alguém consome conteúdo online e interage com ele (curte, comenta, compartilha, ofende, cancela), não fica claro "quem ele é, onde está e falando com quem" (Minerbo, 2013, p. 457).

De que maneira o universo online convoca nosso mundo interno inconsciente, propondo esse espaço híbrido entre o que é externo e real e o que é projeção inconsciente?

Vinheta clínica

Uma paciente diz, deitada no divã:

"Meu *feed* do TikTok é muito parecido com esse sonho."

"Como assim?", pergunto.

"Meu *feed* tem dois tipos de conteúdo principais. Um é assim, como Paris aparece no meu sonho, com um filtro de luz maravilhoso, mais bonito do que o normal, *são casais viajando ou passeando*. O outro são vídeos de pessoas mostrando seu processo de depressão, o quarto ficando bagunçado, a pessoa emagrecendo."

Essa paciente acabava de relatar, em sessão, um sonho no qual ela estava em Paris, e era uma Paris "instagramável",[3] com filtro de luz, onde tudo era mais bonito do que a cidade de verdade (a paciente havia ido a Paris durante o processo de análise). Porém, no sonho, em paralelo à beleza da cidade, a paciente se percebia sem dinheiro. Ela não podia comprar nada, ir a lugar nenhum. Estava em Paris sem nenhum recurso. Interpretei esse sonho como uma imagem condensada e útil para pensarmos aspectos internos dela. Ela tinha Paris dentro de si, uma Paris linda, e tinha também uma parte sem recursos, pobre, sem acesso a nada. O sonho trazia a ambivalência e aspectos cindidos de si mesma.

Achei curioso ela associar a interpretação do sonho com seu *feed* do TikTok; é como se ela dissesse que o algoritmo do TikTok havia captado – talvez antes do sonho – esses dois aspectos de identificação, um da esperança, espetacularizado em imagens de casais jovens descobrindo juntos o mundo, e o outro um aspecto melancólico desvalido.

É exatamente esse o argumento do artigo de Pedro Colli Badino de Souza Leite, de 2022. Nele, o autor apresenta a ideia de que a hiperconectividade contemporânea seria a base para um fenômeno sem precedentes: a captura e a simbolização de nossa vida inconsciente a partir do trabalho conjunto entre *big data* e inteligência de máquina. Souza Leite apresenta, nesse texto, o argumento de que nós, enquanto usuários da internet, estamos alimentando a rede com uma infinita porção de dados que os algoritmos, a partir da tecnologia de *machine learning*, compilam à semelhança de uma função simbolizadora feita pelo inconsciente ou pelo analista.

---

[3] *Instagramável* é o termo que as pessoas vêm usando para designar coisas, situações, objetos, receitas e decorações suficientemente bonitas para se postar no Instagram.

Em outras palavras: "Meu *feed* do TikTok é muito parecido com esse sonho".

Dados, dados e mais dados (big data)

Zuboff descreve em seu texto *A descoberta do superávit comportamental* (2019, p. 80) o caminho que trilhou o Google entre o início de seu modelo de negócio, no qual usava os dados para melhorar a experiência do usuário, isto é, entregar conteúdo mais relevante, baseado em pesquisas prévias, para, em um segundo momento, dirigir publicidade microssegmentada.

Nas palavras da autora:

> *Com o acesso exclusivo do Google aos dados comportamentais, seria possível então saber o que um indivíduo específico, num tempo e espaços específicos, estava pensando, sentindo e fazendo. O fato de isso deixar de nos parecer surpreendente, ou talvez nem mesmo digno de nota, é prova do imenso entorpecimento psicológico que fez com que nos habituássemos a uma guinada audaz e sem precedentes nos métodos capitalistas. (p. 97)*

Zuboff chama de superávit comportamental todo o rastro de dados que deixamos ao estarmos conectados online; toda interação na internet deixa registros, seja uma pesquisa, uma compra, um comentário em rede social, um play em um vídeo ou uma busca por um endereço em aplicativo de mapas. Extrapolando o argumento de Souza Leite, é como se um analista tivesse em suas mãos como instrumento de trabalho, além da própria capacidade de pensar, o material oferecido por um paciente que deita no divã uma, duas, três vezes na semana, enquanto as *big techs* teriam em suas máquinas uma quantidade potencialmente infinita de dados para interpretar, compilar, vender para anunciantes e devolver em forma de conteúdo individualizado para o usuário (*feed* do TikTok parecido com meu sonho).

O caso da Cambridge Analytica, publicizado em 2015, foi um escândalo envolvendo o uso de informações pessoais de até 87 milhões de usuários do Facebook que a empresa de consultoria política britânica colocou a serviço dos grupos que a contrataram. A partir desse caso, surgiram inúmeras discussões e projetos de lei de proteção de dados com o intuito de restringir o uso indiscriminado de nossas informações pessoais presentes na internet.

Esse caso foi, talvez, o primeiro caso público no qual se evidenciaram as possibilidades de uso econômico e político a partir de nossas informações online. A consultoria política Cambridge Analytica esteve envolvida na campanha do Brexit (votação pela saída da Inglaterra da União Europeia) e em campanhas eleitorais à presidência da república em diferentes países.

Tomando o fato de que estamos todos, analistas e pacientes, conectados no universo digital, seleciono o termo hiperconectividade para cavar nosso poço de prospecção e observar esse campo relacional e suas características.

Hiperconexão

O conceito de hiperconexão possui duas dimensões distintas, uma mais óbvia e outra menos evidente. A primeira refere-se à presença constante do usuário na rede, estando disponível a qualquer momento para se envolver em atividades online, como responder mensagens no WhatsApp, fazer compras ou percorrer o *feed* de uma rede social. Essa dimensão está relacionada às nossas escolhas voluntárias de acessar conteúdos na internet. A segunda dimensão do termo hiperconexão pode ser menos perceptível, pois está relacionada à comunicação entre dispositivos ou entre indivíduos e máquinas.

Quando decidimos verificar o celular em busca de mensagens no WhatsApp, estamos envolvidos em uma experiência na qual um sujeito humano utiliza sua escolha, o mais conscientemente possível, para aproveitar as facilidades oferecidas por uma máquina. Nesse contexto, o sujeito se beneficia do uso da tecnologia, assim como acontecia com a eletricidade, o automóvel e o telefone.

Porém, há outro cenário bem diferente, que envolve situações como aspiradores de pó ativados por aplicativos, os quais compartilham informações (como o mapa da casa e horários de ativação) com empresas terceiras. Além de vender informações que não escolhemos voluntariamente fornecer, os assistentes pessoais, como a Alexa da Amazon, e dispositivos vestíveis (Internet das Coisas), como relógios, utilizam esses dados para fins que não são do interesse do usuário, protegidos legalmente pelos termos de uso que raramente lemos, mas clicamos em "eu aceito" ou "estou de acordo".

Quanto mais informações disponíveis na web, mais refinados se tornam os cálculos algorítmicos. De forma simplificada, a estratégia é obter a maior quantidade possível de dados. E como isso é feito? Por meio de tempo de tela, isso é, engajamento do usuário.

No documentário popular *O dilema das redes*, disponibilizado pela Netflix em 2020, há um chiste que diz: os únicos dois mercados em que os clientes são chamados de usuários são o mercado das drogas e o da internet.

Diante disso, como a psicanálise pode compreender esse campo relacional que produz realidade, identidades e sintomas, considerando que todos os nossos pacientes (e todos os psicanalistas) estão imersos nessa rede da hiperconexão.

O cansaço como novo mal-estar na civilização

Não poderia deixar de chamar à mesa de discussão o filósofo sul-coreano Byung-Chul Han, que tem despontado como uma voz crítica e interessante para se pensar o sem precedentes da relação entre sujeito e universo digital.

No Capítulo 6, "Exaustão: como os algoritmos estão tecendo o sofrimento psíquico da hiperconectividade", discuto a partir de vinhetas clínicas e da situação da pandemia, que levou todos os analistas e pacientes para o consultório virtual, como essa experiência de hiperconexão estaria desenhando o sofrimento de nossa época.

O filósofo sul-coreano postula que os sofrimentos psíquicos atuais, como depressão, nova economia da atenção e *burnout*, se referem menos às consequências de uma psique e uma cultura repressora e mais ao inverso disso, uma sociedade da transparência, para usar outro conceito do mesmo autor (em *A sociedade da transparência*, 2017b).

Byung-Chul Han diz que "a psicanálise não oferece nenhum acesso a elas" (2015/2010, p. 88), referindo-se ao que chama de "doenças psíquicas de hoje, tais como depressão, *burnout*, déficit de atenção". Ouso discordar do filósofo coreano; apesar de compreender bem o seu ponto, parece-me que Byung-Chul Han faz uma afirmação tão contundente apoiando sua análise exclusivamente nas teorias metapsicológicas da psicanálise, e não no método, como proposto por Herrmann.

É verdade que alguns pacientes que nos chegam deprimidos agora, mais de cem anos depois da publicação de *Luto e melancolia*, de 1915, não nos parecem caber nas teorizações de Freud a respeito da perda do objeto.

Talvez o paciente deprimido de hoje refira-se menos a estar submetido à sombra do objeto perdido e mais a essa implosão narcísica com pouca entrada do outro. Byung-Chul Han lança luz sobre um tipo de sintomatologia própria de sua época, o que não exclui a potência do método psicanalítico (mesmo que algumas teorizações sejam datadas).

O *burnout*, com seu conjunto de sintomas mais físicos que mentais, apresentados em sujeitos deprimidos, com dores dispersas pelo corpo, insônia, abuso de álcool e atenção difusa, parece ser atividade do real agindo no campo particular das relações de trabalho, com as características do tempo próprio da hiperconectividade, no qual o sujeito do cansaço se exaure em entrega supostamente voluntária, cooptado pelos tecidos de uma sociedade que promete fortuna e felicidade àqueles que se oferecem em sacrifício aos ideais da meritocracia e dos empreendedores de si mesmos.

Seguindo com as ideias de Byung-Chul Han, o homem depressivo se livrou das amarras da coerção externa e se tornou explorador de si mesmo. Se o autor coreano escreveu isso em 2017, a pandemia parece ter acelerado esse processo a uma velocidade não prevista. Não acredito que haja um psicanalista que não tenha presenciado, com seus pacientes e em si próprio, o aumento das horas laborais com a transposição para o modelo de trabalho remoto. Se antes da pandemia os deslocamentos espaço-temporais marcavam separações e atribuíam barreiras a essa lógica, o novo modelo parece ter funcionado com a potência de um tsunami, no qual mensagens de WhatsApp passaram a invadir noites, madrugadas, finais de semana e férias. "O homem depressivo é aquele animal laborans que explora a si mesmo e, quiçá, deliberadamente, sem qualquer coação externa" (p. 28).

Finalizando

Chegamos neste ponto em um pouso do sobrevoo por 10 anos de reflexões a respeito da relação sujeito e mundo digital, tendo iniciado este livro com um artigo de 2013 que levantava a questão: porque as pessoas passaram a compartilhar informações online. É impactante constatar quão rápido acontece a naturalização de comportamentos de uso da tecnologia e a velocidade vertiginosa de adaptação das pessoas a ferramentas digitais que nos pareceriam dignas de filmes de ficção há poucos anos. A parte dos pesquisadores de IA (Inteligência Artificial), é difícil imaginar nós, pessoas leigas, suspeitando dos abalos significativos nas diferentes áreas sociais que o Chat GPT provocaria ao ser disponibilizado em novembro de 2022. As mais diversas áreas do conhecimento estão se perguntando a respeito do alcance da inteligência de máquina e do borrão que essa ferramenta produz entre o que é de autoria humana e o que é da IA.

Discutir por quais vias os dados disponibilizados por todos nós no universo digital e o que as *big techs* farão com eles por meio de *Machine Learning* e IA é tentador, inédito e vale um esforço futuro. Neste ponto, me satisfaço com algumas pontuações mais modestas que caminham para encerrar este argumento.

Estamos todos hiperconectados, não existe mais saída ou escolha para fora do panóptico das *big techs*, usamos mapas para chegar aos nossos destinos, pagamos contas com o celular, acessamos os mais diversos serviços cotidianos, mercado, farmácia, médico, saúde deixando rastros digitais com pix ou cartão de crédito. Conversamos com amigos, família, amores, colegas de trabalho pelas linhas controladas da Meta (dona do WhatsApp, Facebook), essa é uma realidade, atrás da qual a sociedade civil tenta correr com legislação de proteção de dados, direito ao esquecimento e limites éticos para uso de IA. Ao que cabe à psicanálise (e às outras áreas de conhecimento subjetivo do ser humano) é a obrigação em olhar para este fenômeno, tentar compreendê-lo dentro do que é possível na velocidade impressionante das mudanças e realizar que o sofrimento que traz nossos pacientes ao divã, que determina formas de ser e de fazer sintomas na sociedade, estão sendo produzidos por este campo do real, como nos ilumina, Herrmann.

Algumas teorias metapsicológicas podem não ser mais adequadas para se compreender o sujeito do desempenho de hoje, que se exaure em exploração própria e não mais faz sintomas a partir das repressões culturais, como nos apresenta Byung-Chul Han, no entanto, não é porque um paciente deprimido de hoje pode ser pouco compreendido sob a ótica do sombreamento do ego pelo objeto perdido, como nos disse uma vez brilhantemente Freud em 1917, que a psicanálise não se faz presente como arsenal metodológico potente e fresco na observação de fenômenos culturais e na clínica, com nossos pacientes.

Se Freud, no fim do século retrasado, propunha uma clínica do desvelamento do desejo, a psicanálise pode, hoje, ser instrumento relevante na interpretação do obsceno da transparência que nos obriga o panóptico das *big techs*.

O mundo pode ter mudado, mas o método psicanalítico se mantém operante.

Referências

Baudrillard, J. (1995). *A sociedade de consumo*. (A. Morão, Trad.). Edições 70.

Debord, G. (1997). *A sociedade do espetáculo*. Contraponto. (Trabalho originalmente publicado em 1967).

Han. B.-C. (2017a). *A sociedade do cansaço*. (E. P. Giachini, Trad.). Vozes.

Han. B.-C. (2017b). *A sociedade da transparência.* (E. P. Giachini, Trad.). Vozes.

Herrmann, F. (2001). *Andaimes do real: psicanálise do quotidiano.* Casa do psicólogo.

Lévy, P. (1999). *O que é o virtual.* Editora 34. (Trabalho originalmente publicado em 1995).

Minerbo, M. (2013). Sexo virtual. In M. Minerbo, *Neurose e não neurose* (Col. Clínica Psicanalítica, pp. 443-465). Casa do psicólogo.

Pacete, L. G. (2023, March 9). Brasil é o terceiro maior consumidor de redes sociais em todo o mundo [Web page]. Disponível em: https://forbes.com.br/forbes-tech/2023/03/brasil-e-o-terceiro-pais-que-mais-consome-redes-sociais-em-todo-o-mundo/.

Piñeiro, B. Quem é Ballerina Farm? Web desvenda segredo "milionário" de tiktoker. Portal Popline. Acessado em 20/03/2023. Disponível em: https://portalpopline.com.br/ballerina-farm-segredo-milionario-tiktoker/#:~:text=Hannah%20Neeleman%2C%20mais%20conhecida%20como,o%20gado%20e%20os%20bichinhos.

Souza Leite, P. C. B. (2022). Hiperconectividade e exaustão. *Jornal de Psicanálise, 55*(102), pp. 127-147.

Zuboff, S. (2019), *A era do capitalismo de vigilância.* Intrínseca.

GRÁFICA PAYM
Tel. [11] 4392-3344
paym@graficapaym.com.br